校企“双元”合作精品教材

高等院校“互联网+”系列精品教材

质量检验与品质管理

主编　严莉莉　鲍安平

副主编　蒯燕敏

主审　杨　辉

参编　胡小丽　袁小燕　王　晶

電子工業出版社

Publishing House of Electronics Industry

北京 • BEIJING

内 容 简 介

随着我国经济建设的快速发展，为进一步提升企业产品质量，质量检验与品质管理领域需要更多的专业人才。本书是在许多院校已经开设质量检验课程的背景下编写的，全书内容分为 7 章，主要包含质量检验基础知识、常用质量检验方法、不合格的管理及处置、质量检验相关文件、抽样检验及标准、品质管理七大手法、常用量检具。本书由中国质量认证中心南京分中心技术人员指导并参与编写，其内容以检验技术岗位必备的知识为核心，并以使学习者看得懂、用得上为目标。

本书为高等职业本专科院校相应课程的教材，也可作为开放大学、成人教育、自学考试、中职学校及培训班的教材，还可作为品质管理人员、检验技术人员的参考书。

图书在版编目（CIP）数据

质量检验与品质管理 / 严莉莉，鲍安平主编. —北京：电子工业出版社，2020.3（2024.8 重印）

高等院校“互联网+”系列精品教材

ISBN 978-7-121-37808-9

Ⅰ. ①质… Ⅱ. ①严… ②鲍… Ⅲ. ①质量检验－高等学校－教材②质量管理－高等学校－教材 Ⅳ. ①F273.2

中国版本图书馆 CIP 数据核字（2019）第 240834 号

责任编辑：陈健德（E-mail：chenjd@phei.com.cn）

特约编辑：田学清

印　　刷：三河市华成印务有限公司

装　　订：三河市华成印务有限公司

出版发行：电子工业出版社

北京市海淀区万寿路 173 信箱　　邮编：100036

开　　本：787×1 092　1/16　印张：9.75　　字数：249.6 千字

版　　次：2020 年 3 月第 1 版

印　　次：2024 年 8 月第 9 次印刷

定　　价：45.00 元

凡所购买电子工业出版社图书有缺损问题，请向购买书店调换。若书店售缺，请与本社发行部联系，联系及邮购电话：（010）88254888，88258888。

质量投诉请发邮件至 zlts@phei.com.cn，盗版侵权举报请发邮件至 dbqq@phei.com.cn。

本书咨询联系方式：chenjd@phei.com.cn。

前言

世界著名质量管理专家约瑟夫•朱兰说："21 世纪是质量的世纪，质量将成为和平占有市场最有效的武器，成为社会发展的强大驱动力。"

党的十八大以来，我国在质量强国建设方面取得了巨大成就，产品质量持续提升，一些产业和技术已经处于国际先进水平，这有力地推动了我国经济的高质量发展。企业是质量强国建设的重要主体。产品和服务质量是企业生存和发展的根基，也是建设质量强国的基础。但是，我国企业在质量管理方面还存在明显不足，如质量意识不强、质量管理机制不健全、质量管理方式和技术手段比较落后等。专业质量人才队伍的培养是促进企业质量管理水平提升的保障之一。

质量检验是企业现代化质量管理的重要组成部分。如今质量检验已经不再是简单的事后把关、预防不合格品出厂，随着统计方法的引入，质量检验对不合格品的产生能够起到积极的预防作用。但是在企业中从事一线检验工作的人员大多是从技术岗位转入的，而且我国高校设置的专门培养质量检验人才的专业较少，所以具有质量检验系统知识的人员较少。为了更好地保证产品质量、提升检验工作水平，系统学习质量检验与品质管理基础知识尤为重要。为此，许多院校已经开设了相关课程，本书正是针对此情况编写的。

本书在编写过程中以使学习者看得懂、用得上为目标，编者对内容的选取以品质管理岗位和检验技术岗位必备的基础知识和技能需求为依据，而且编者邀请了中国质量认证中心和在企业中从事品质管理工作和检验技术工作的工程师对本书内容进行了把关。

本书内容分为 7 章，主要包含质量检验基础知识、常用质量检验方法、不合格的管理及处置、质量检验相关文件、抽样检验及标准、品质管理七大手法、常用量检具。

本书为高等职业本专科院校相应课程的教材，也可作为开放大学、成人教育、自学考试、中职学校及培训班的教材，还可作为品质管理人员、检验技术人员的参考书。

本书由南京信息职业技术学院的严莉莉、鲍安平担任主编，由中国质量认证中心南京分中心的蒯燕敏担任副主编；编写分工为：南京信息职业技术学院的胡小丽编写第 1 章，中国质量认证中心的王晶编写第 2 章，南京信息职业技术学院的严莉莉、鲍安平编写第 3 章、第 4 章、第 5 章，南京信息职业技术学院的袁小燕编写第 6 章，中国质量认证中心南京分中心的蒯燕敏编写第 7 章；全书由南京信息职业技术学院的严莉莉统稿，由中国质量认证中心南京分中心的杨辉主审。编者在编写的过程中参考了大量参考文献，并得到了企业一线品质管理人员和检验技术人员的帮助，在此对他们表示衷心的感谢！

由于编者水平有限，书中难免存在不足之处，恳请读者批评指正。

为开展信息化教学、提高教学质量与效果，本书配有免费的微课视频、电子教学课件、习

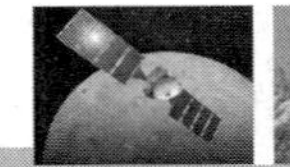

题参考答案。所有电子教学课件由南京信息职业技术学院的胡小丽制作完成，微课资源由南京信息职业技术学院的严莉莉、袁小燕、胡小丽共同完成。读者通过扫描二维码即可阅看或下载相应资源，或登录华信教育资源网（http://www.hxedu.com.cn）免费注册后再下载。如果有问题，请在网站留言或与电子工业出版社联系（电子邮箱为 hxedu@phei.com.cn）。

编者

目　录

第1章

质量检验基础知识

教学导航

知识重点	（1）质量的概念；（2）质量的特点；（3）质量检验的主要功能；（4）质量检验的步骤；（5）质检员应该具备的能力
知识难点	质量的概念
推荐教学方式	讲授法和小组讨论法相结合，老师以生活中的“质量”为入口，引出质量的概念，学生分组对质量的概念进行讨论和理解，并探讨质量的特点；老师以一个因缺乏质量检验而产生的产品质量问题为例，引出质量检验的功能，强调质量检验的功能和重要性，学生分组讨论质检员的职责和应该具备的能力
建议学时	2学时

1.1 质量的概念、特性与特点

1.1.1 质量的概念与特性

1. 质量的概念

在 ISO 9001:2015 中，质量的定义是“客体的一组固有特性满足要求的程度”。

质量可用形容词来修饰，如差、好、优秀。客体是可感知或可想象到的任何事物，如产品、服务、过程、人、组织、体系、资源。客体可以是物质的，如一台电脑、一本书等；也可以是非物质的，如转换率、学习计划等。非物质的客体包括可想象到的客体，如组织未来的状态。

从质量的概念中，我们可以了解到，质量的内涵是由一组固有特性组成的，并且这些固有特性以满足顾客及其他相关方所要求的能力为标准对产品加以表征。在理解质量的概念时，应注意以下几点。

1）关于要求

要求指明示的、通常隐含的或必须履行的需求或期望。

（1）“明示的”可以理解为规定的要求，如电水壶的容量是 3L。

（2）“通常隐含的”是指组织、顾客或其他相关方的惯例或一贯做法，这样的需求或期望是不言而喻的，如化妆品对皮肤的保护等。

（3）“必须履行的”是指法律法规的要求或强制性标准的要求。例如，我国对与人身、财产的安全有关的产品颁布了相应的法律法规和强制性的条例，并制定了代号为“GB”的强制性标准，如《中华人民共和国食品安全法》、GB 17625.1—2012《电磁兼容　限值　谐波电流发射限值（设备每相输入≤16A）》等，组织在生产产品的过程中必须执行这类文件。

（4）要求可以由不同的相关方提出，不同的相关方对同一产品的要求可能不一样。例如，对于汽车产品，顾客的要求是美观、舒适、省油，而社会的要求是不对环境产生污染。

> 小提示：质量的优劣和等级
>
> 质量的优劣是产品满足要求的程度的一种体现，它应该在同一等级的基础上做比较，不能与等级混淆。等级是指对功能用途相同但质量要求不同的产品、服务、体系和过程所做的分类或分级。

2）关于特性

特性指可区分的特征。特性可以是固有的，也可以是赋予的。

（1）固有特性指某事或某物本来就有的特性，尤其是那种永久的特性，如电池的寿命、螺栓的直径等。

（2）赋予特性不是固有的，而是人们在完成产品后因不同的要求而使产品增加的特性，如电池的价格、服装运输方式、手机的售后服务要求等。

（3）产品的固有特性与赋予特性是相对的，某些产品的赋予特性可能是其他产品的固有特性，如供货时间及运输方式对硬件产品而言属于赋予特性，但对运输服务而言属于固有特性。

> 小提示：各种类别的特性
> （1）物理特性（如机械特性、电特性、化学特性及生物特性等）。
> （2）感官特性（如嗅觉、触觉、味觉、视觉、听觉等）。
> （3）行为特性（如礼貌、诚实、正直等）。
> （4）时间特性（如准时性、可靠性、连续性、可用性等）。
> （5）人因功效特性（如生理特性及有关人身安全的特性等）。
> （6）功能特性（如飞机的飞行高度等）。

质量定义中的关键是“满足要求”。这些“要求”必须转化为有指标的特性，以作为评价、检验和考核的依据。由于顾客的要求是多种多样的，所以反映质量的特性也应该是多种多样的。这些特性包括性能、适用性、可信性（可用性、可靠性、维修性）、安全性、环境性、经济性和美学性。在质量特性中，有些特性能够定量；有些特性不能定量，只能定性。在实际工作中的测量过程中，人们通常把不能定量的特性转换成能够定量的代用质量特性。

2. 质量特性

质量特性是指产品、服务、体系和过程的与要求有关的固有属性。

质量特性可分为两大类，即真正质量特性和代用质量特性。

（1）真正质量特性：这类特性为直接反映顾客的要求的质量特性。

（2）代用质量特性：一般地，真正质量特性表现为产品的整体质量特性，但它不能完全体现在产品制造规范上。而且在大多数情况下，真正质量特性很难直接进行定量表示，因此人们需要根据真正质量特性确定一些数据和参数来间接反映顾客的要求。这些数据和参数就称为代用质量特性，如轮胎的使用寿命是真正质量特性，而其耐磨度、抗压强度和抗拉强度属于它的代用质量特性。

由此可见，真正质量特性是顾客的需求或期望，而代用质量特性是企业为实现真正质量特性所做出的规定。

对于产品质量特性，无论是真正质量特性还是代用质量特性，都应尽量定量化，并尽量体现产品在使用时应满足的客观要求。

产品质量特性有内在特性，如结构、性能、精度、化学成分等；有外在特性，如外观、形状、色泽、气味、包装等；有经济特性，如成本、价格、使用费用、维修时间和维修费用等；有商业特性，如交货期、保修期等；还有其他方面的特性，如安全、环境、美观等。质量的适用性是建立在质量特性的基础之上的。

根据质量特性对顾客满意度的影响程度的不同，可对其进行分类管理。常用的质量特性分类方法是将质量特性划分为关键质量特性、重要质量特性和次要质量特性，它们分别如下所述。

（1）关键质量特性，是指超过规定的特性值要求会直接影响产品安全性或使产品整机功能丧失的质量特性。

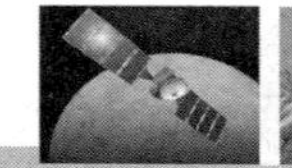

（2）重要质量特性，是指超过规定的特性值要求会造成产品部分功能丧失的质量特性。

（3）次要质量特性，是指超过规定的特性值要求暂不影响产品功能，但可能会使产品功能逐渐丧失的质量特性。

小提示：有关产品

产品是过程的结果，可以是有形的或无形的，或者是它们的组合。下述为四种通用的产品类别。

（1）硬件（如发动机机械零件）。

（2）软件（如计算机软件、字典）。

（3）流程性材料（如润滑油）。

（4）服务（如运输）。

1.1.2　质量概念的发展

随着经济的发展和社会的进步，人们对质量的需求不断提高，质量概念也随之不断地深化、发展，具有代表性的质量概念主要有符合性质量、适用性质量、广义质量。

1. 符合性质量的概念

符合性质量将符合现有标准的程度作为衡量的依据。符合标准的质量就是合格的产品质量，符合标准的程度反映了产品质量的一致性。长期以来人们对质量的定义是，只要产品质量符合标准，产品就可以满足顾客的要求，即“合格即质量”。但这个定义忽视了标准有先进和落后之分，一个标准在过去是先进的，而在现在是落后的，一个产品即使百分之百符合落后的标准，也不能被认为是质量好的产品。另外，标准也不能将顾客的所有需求和期望都规定出来，尤其是隐含的需求和期望。

2. 适用性质量的概念

适用性质量将满足顾客的要求的程度作为衡量的依据。该概念从使用角度定义产品质量，认为产品的质量就是产品适用性，即产品在使用时能成功地满足顾客的要求的程度。

适用性质量的概念要求人们从使用要求和满足程度两个方面去理解质量的实质。在一定程度上，它体现了人们对质量的认识的提升，即逐渐把顾客的要求放在首位。

3. 广义质量的概念

国际标准化组织总结质量的不同概念并加以归纳提炼，得到人们公认的名词术语，即质量是客体的一组固有特性满足要求的程度。这一概念的含义十分广泛，既反映了质量应符合标准的要求（一种狭义的质量概念），也反映了质量应满足顾客及相关方的要求（一种广义的质量概念）。

随着经济的发展和社会的进步，人们对质量的需求不断提高，质量的概念也得到了深化和发展。新的质量观念认为，质量的本质是顾客对一项产品或服务的某些方面做出的评价。质量是顾客通过把产品的各个方面与他感受到的产品所具有的品质联系起来所得出的结论。

哈佛大学教授戴维•列艾对质量的真正内涵做了精辟的概括，他认为一项产品或服务的质量应包括以下几个方面。

（1）性能：产品或服务的主要特性，如一辆汽车的部件的运行情况，以及乘坐、操作及使用材料的等级等。

（2）安全性：产品或服务的危险性、伤害性或有害性，质量合格的产品应把危险性降到最低，如汽车需要安装反锁刹车与安全气囊等。

（3）可靠性：产品或服务具备的性能的稳定性，如汽车故障率的高低等。

（4）寿命：产品或服务正常发挥功能的持续时间，如汽车的有效行驶公里数、防锈蚀性等。

（5）美学性：产品的外观或服务给人的感受。

（6）特殊性能：产品或服务的额外特性，如汽车的校准和控制装置通常会为顾客对产品的使用提供一种便利性。

（7）一致性：产品或服务满足顾客的要求的程度。

（8）会意质量：外界对产品或服务质量的间接评价，如声誉等。

（9）售后服务：对顾客提出的问题的解决及对顾客是否满意的确认。

上述九个方面，不仅从企业的角度，而且站在顾客的角度概括了质量的真正内涵。传统的质量观念通常仅关注前四个方面而忽视后五个重要的方面。前四个方面是相同性质的产品或服务均应满足的共同质量特性，而后五个方面显示出产品或服务的与众不同，使它们给顾客带来更多的附加价值，从而吸引和留住顾客。面对现代激烈的市场竞争，企业必须重视质量内涵的后五个方面，尤其是售后服务，它是产品质量的重要的内涵之一，是联结企业和顾客的纽带。将产品或服务提供给顾客以后，企业仍要继续关注质量问题。除了应采取措施保证顾客正确使用产品，企业还应了解顾客使用产品或接受服务的现实条件，并认真对待顾客的反馈。许多原因都会导致产品不能像人们希望的那样发挥它们的功能或顾客不能得到优良的服务。然而，无论是什么原因导致了问题的出现，从新的质量观念来看，重要的是要予以补救。企业应采取一切必要的措施使产品或服务达到让顾客满意的程度，如国外早已实行的召回制等。

1.1.3 质量的特点

顾客和其他相关方对产品、服务、体系和过程的质量要求是动态的、发展的和相对的，它将随着时间、地点、环境的变化而变化，即质量具有广义性、时效性和相对性。

（1）广义性：在质量管理体系涉及的范畴内，组织的相关方对组织的产品、服务、体系和过程都可能提出要求。而产品、服务、体系和过程都具有固有特性，因此质量不仅指产品的质量，也可指服务、体系和过程的质量。

（2）时效性：由于组织的顾客和其他相关方对组织的产品、服务、体系和过程的需求和期望是不断变化的（如原来被顾客认为质量好的产品会因为顾客的要求的提高而不再受欢迎），所以，组织应不断地调整质量的要求。

（3）相对性：组织的顾客和其他相关方可能会对同一产品提出不同的功能要求，也可能会对同一产品的同一功能提出不同的要求。若顾客和其他相关方对产品的功能要求不同，则

他们对产品的质量要求也不同，只有满足顾客和其他相关方的不同要求的产品才会被认为是质量好的产品。

讨论思考：以下几种质量观念您认为正确吗？

（1）因为这台电视比那台电视贵，所以这台电视的质量更好。

（2）有要求就有质量。产品、服务、体系和过程都有质量。

（3）以前这个顾客对我们的产品质量很满意，所以我们的产品质量没问题。

（4）因为A顾客从来没反映过我们的产品有质量问题，所以其他两个顾客也不会投诉我们。

1.2 质量管理的发展阶段

20世纪以来，人类跨入了以加工机械化、经营规模化、资本垄断化为特征的工业化时代。在整整一个世纪中，质量管理的发展大致经历了如下三个阶段。

1. 质量检验阶段

20世纪初，被誉为科学管理之父的弗雷德里克•泰勒提出了一套新的生产理念，即将计划职能和执行职能分离。管理者和工程师专门负责计划，而监工和工人专门负责执行。质量管理的职能由操作者转移给了工长，从此出现了专职的检验员。随着企业生产规模的扩大和产品复杂程度的提高，产品有了技术标准，大多数企业开始设置检验部门，各种检验工具和检验技术也随之发展。这种质量检验通过在成品中挑出废品来保证出厂产品质量，但这种事后的把关只能剔除次品和废品，不能提高产品质量，无法在生产过程中起到预防作用和控制作用，而且百分之百的检验会增加检验费用，在大批量生产的情况下，其弊端就会突显出来。

2. 统计质量控制阶段

统计质量控制阶段的特征是数理统计方法与质量管理的结合。1924年，休哈特提出了控制和预防缺陷的概念，并将数理统计原理运用到质量管理中，还发明了控制图。他认为质量管理不仅要进行事后检验，而且在发现废品出现的先兆时就要进行分析改进，从而预防废品的产生。控制图就是运用数理统计原理进行这种预防的工具。因此，控制图的出现是质量管理从单纯的事后检验进入检验预防的标志，也是一门独立学科开始的标志。

在第二次世界大战结束后，美国的许多企业扩大了生产规模，许多民用工业也纷纷采用统计质量控制，统计质量控制得到了广泛应用。在20世纪50年代初，这种方法的应用达到高峰，随后又迅速传到许多其他国家。

但是，统计质量控制也存在缺陷。它过分强调质量控制的统计方法，使人们误认为质量管理就是统计方法，是统计专家的事情。在计算机和数理软件应用不广泛的情况下，统计质量控制使许多人认为质量管理高不可攀、难度很大。

3. 全面质量管理阶段

20 世纪 50 年代以来，随着科学技术和工业生产的发展，人们对质量的要求越来越高。科技和工业的发展要求人们运用“系统工程”的概念，把质量问题作为一个有机整体加以综合分析并进行研究，实施全员、全过程、全企业的管理。20 世纪 60 年代，在管理理论上出现了“行为科学”学派，他们主张调动人的积极性、注意人在管理中的作用。随着市场竞争的加剧，尤其是国际市场竞争的加剧，各国企业越来越重视产品责任和质量保证这两个问题，不断加强内部质量管理，确保生产的产品的安全性、可靠性。

在上述背景下，仅仅依赖质量检验和运用统计方法已难以保证和提高产品质量，不能满足社会进步的要求。1961 年，费根堡姆提出了全面质量管理的概念。

所谓全面质量管理，是以质量为中心、以全员参与为基础、以通过使顾客满意并使本组织所有成员及社会受益来实现长期成功为目的的管理途径。日本在 20 世纪 50 年代引进了美国的质量管理方法，并对其进行了发展。其中，最突出的特点就是他们强调从总经理、技术人员、管理人员到工人的全体人员都应参与质量管理。企业对全体职工分层次进行质量管理知识的教育培训，广泛开展群众性质量管理活动，并创造了一些通俗易懂、便于群众参与的管理方法，包括质量管理的老 QC 七工具（常用七种工具）和新 QC 七工具（补充七种工具），为全面质量管理增添了大量新的内容。质量管理的手段也不再局限于数理统计，人们可以运用各种管理技术和方法来进行质量管理。

1.3　质量检验的主要功能

质量检验是对产品的一项或多项质量特性进行观察、测量、试验，并将结果与规定的质量要求进行比较，以确定每项质量特性的合格情况的技术性活动。质量检验在产品质量管理中的主要功能体现在以下四个方面。

1. 鉴别功能

根据技术标准、产品图样、作业（工艺）规程或订货合同、技术协议的规定，采用相应的检测方法观察、测量、试验产品的质量特性，判定产品质量是否符合规定的要求，这是质量检验的鉴别功能。鉴别是把关的前提，只有经过鉴别才能判断产品质量是否合格，不进行鉴别就不能确定产品质量的状况，也就难以实现质量把关。因此，鉴别功能是质量检验的各项功能的基础。

2. 把关功能

把关功能是质量检验中最重要、最基本的功能。把关是将鉴别发现的不合格品把住，不交付预期使用的“关口”。

产品的生产过程往往是一个复杂的过程，影响质量的各种因素（人、机、料、法、环）都会在该过程中发生变化，各过程（工序）不可能始终处于相同的技术状态，质量波动是客观存在的。因此，人们必须通过严格的质量检验剔除不合格品并予以隔离，以实现不合格的原材料不投产，不合格的产品组成部分及中间产品不转序、不放行，不合格的产品不交付。

3. 预防功能

现代质量检验区别于传统质量检验的重要之处在于现代质量检验不仅起把关作用，而且起预防作用。质量检验的预防作用主要表现在以下两个方面。

（1）通过测定工序能力和使用控制图起到预防作用。

众所周知，无论是测定工序能力还是使用控制图，都需要通过检验产品来取得一批或一组数据，并对其进行统计处理。进行这种检验不是为了判断一批或一组产品是否合格，而是为了计算工序能力的大小和反映生产过程的状态。若发现工序能力不足，或者通过控制图发现生产过程出现了异常状态，则要及时采取相应措施，提高工序能力或消除生产过程中的异常因素，预防不合格品的产生。事实证明，这种检验的预防作用是非常有效的。

（2）通过工序生产中的首件检验与流动检验起到预防作用。

一批产品在处于初始加工状态时，一般应进行首件检验（首件检验不一定只检查一件），只有当首件检验合格并得到认可时，这批产品才能正式成批投产。此外，当设备进行修理或重新调整后，产品也应进行首件检验，其目的是预防出现大批不合格品。在产品正式成批投产后，为了及时发现生产过程是否发生变化，以及有无出现不合格品的可能，还要定期或不定期到现场进行巡回检验，一旦发现问题，就要及时采取措施予以纠正，以预防不合格品的产生。

4. 报告功能

为了使相关的管理部门及时掌握产品在生产过程中的质量状况，并评价和分析质量控制的有效性，负责质量检验的人员应对检验获取的数据和信息进行汇总、整理、分析并写成报告，从而为质量控制、质量改进、质量考核、质量监督及管理层进行质量决策提供重要的信息和依据。

1.4 质量检验的步骤

1. 质量检验的准备

熟悉规定要求，选择检验方法，制定检验规范。

2. 获取质量检验的样品

样品是质量检验的客观对象，质量特性是客观存在于样品之中的，样品的符合性是客观存在的。在排除其他因素的影响后，可以说样品在客观上决定了质量检验结果。获得样品的途径有两种，一种是送样，另一种是抽样。

3. 试样或试液的制备

在对某些产品或材料进行质量检验时，必须事先制作专门的检测或试验用的试样，或者配置一定浓度、成分的试液。

4. 检测或试验

按已确定的检验方法，对产品质量特性进行定量或定性的观察、测量、试验，得到需要的量值和结果。

5. 记录和描述

对测量的条件、通过测量得到的量值和通过观察得到的技术状态用规范化的格式和要求予以记载或描述，将它们作为客观的质量证据保存下来。

6. 比较和判定

由专职人员将质量检验结果与规定要求进行对照比较，确定每项质量特性是否符合规定要求，从而判定受检产品是否合格。

7. 确认和处置

负责质量检验的人员对质量检验记录和判定结果进行签字确认，并对产品（单件或批）是否可以接收、放行做出处置。

1.5　质检员的职责及能力要求

质检员作为产品质量的管理者，其素质直接影响产品质量的好坏。质检员在各个企业中的具体叫法不一样，如进料检验员（IQC）、最终检验员（FQC）、制程（过程）检验员（PQC）、品质稽核员（QA）等。无论被如何称呼，质检员均应有相应的能力以胜任该岗位。

1.5.1　质检员的职责

1. 鉴别

按质量检验文件中的要求对产品进行检验，得出产品合格与否的结论。

2. 把关

对不合格品进行把关，通过对原材料、半成品、成品进行检验，鉴别、分选、剔除不合格品，并决定是否接收产品或产品批次，保证不合格的原材料不投产、不合格的半成品不转入下道工序、不合格的成品不出厂。若没有评审放行的手续，则该产品不能被放行。

3. 记录

对检验获得的信息和数据进行记录，为质量控制提供依据，通过这些记录发现生产过程中的质量问题。

4. 预防

通过检验及时发现问题，并找出原因及时排除，预防不合格品的产生。

5. 报告

把在检验工作中搜集的数据记录好，并对其进行分析和评价，及时地向上级或有关部门报告，为改进设计、提高质量、加强质量管理提供必要的信息和依据。

对于质检员来说，以上职责是密不可分的，概括来说，就是通过严格把关、反馈数据、预防、监督来保证出厂产品的质量、促进产品质量的提高。在工作中，有些质检员会注重行使鉴别、把关、记录的职责而忽视预防和报告的职责，这是应该引起人们重视的情况。

1.5.2 质检员的能力要求

质检员的能力要求与受检产品的技术深度和复杂性、产品和工艺的要求、检测精度、生产的自动化程度有关。一般来说，质检员的能力要求分为三部分，即职能技能、管理技能及协调技能，具体的能力及素质要求如下。

（1）具有良好的事业心和职业道德，办事公道，坚持原则，不会因外来因素影响检验和结果的判定。

（2）身体好，感官能力能满足检验要求。

（3）具有相应的文化理论知识，掌握管理各种品质技术的才能，有较强的分析能力和判断能力。

（4）了解受检产品的质量特性的形成和变化涉及的专业知识，过程检验人员应掌握过程加工的要求。

（5）具备专业技术技能是开展质检工作的基础。一个合格的质检员必须能看懂图纸、熟悉规范标准、掌握质量管理条例规章。

（6）能正确使用与本人负责的检验过程有关的量具仪器，了解其精度和调整要求，熟悉并掌握测量方法和测量技术。

（7）不仅具备独立工作管理的技能，还应具备与其他员工配合协调的能力。遇事能耐心解释，不急躁。

（8）受过专业教育培训，取得资格认定。特殊岗位的质检员还需要获得国家政府有关部门颁发的资格证书。

讨论思考：如何成为合格的检验员？

知识梳理与总结

本章主要介绍了质量的概念、质量概念的发展形成、质量管理发展的几个阶段、质量检验的功能和步骤、质检员的职责和能力要求。学习者在学习过程中应重点理解和掌握如下五个方面。

（1）质量概念的内涵及质量的特点。

（2）质量检验的主要功能。

（3）质量检验的步骤。

（4）质检员的职责。

（5）质检员的能力要求。

学习检测 1

扫一扫看本章习题答案

一、填空题

1. 质量是指客体的一组固有________满足________的程度。

2. 质量特性是指产品、服务、________和过程与要求有关的固有________。

3. 产品质量特性包括________、适用性、________、安全性、环境性、________和美学性。

4. 一般来说，现代质量管理可以分为________阶段、统计质量控制阶段和________阶段。

5. 统计质量控制阶段的主要特点是：由以前的事后把关，转变为事前的积极________。

二、选择题

1. 质量的定义中的“特性”指的是（　　）。

A．固有的　　B．赋予的　　C．潜在的　　D．明示的

2. 下列属于固有特性的是（　　）。

A．产品的价格　　B．产品的说明书

C．产品的售后服务要求　　D．产品的化学性能

3. 如果按阶段划分，现代质量管理大致经历了（　　）阶段。

A．质量检验　　B．质量保证

C．质量策划　　D．全面质量管理

E．统计质量控制

4. “物有所值”体现了（　　）。

A．质量的经济性　　B．质量的时效性

C．质量的广义性　　D．质量的相对性

5. 质量必须履行的需求或期望主要指（　　）。

A．法律法规的要求　　B．国家强制性标准的要求

C．合同规定　　D．以上全部

6. 质量检验的作用是通过严格的把关使不合格品（　　）。

A．不维修、不放行、不交付　　B．不隔离、不放行、不交付

C．不转序、不放行、不交付　　D．不返工、不转序、不交付

7. 产品质量就是产品的（　　）。

A．性能　　B．寿命　　C．适用性　　D．符合检验标准的程度

8. 质量检验记录的作用是（　　）。

A．便于质量追溯　　B．查证检验人员的水平

C．明确质量责任　　D．保留客观的质量证据

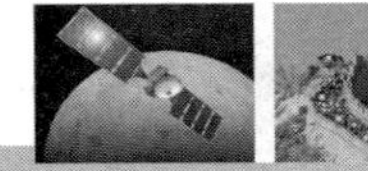

9. 从广义上讲，质量检验的预防功能是指（　　）。

A．通过对生产不合格品的作业人员进行处罚，警示这些作业人员不要再出废品

B．通过对不合格品的统计，分析产品质量情况

C．分析质量检验数据，找出质量波动规律，采取措施使波动不超出规定范围

D．通过对生产不合格品的设备性能进行改进，防止不合格品再产生

10. 质量检验的主要功能之一是鉴别，所谓鉴别是指（　　）。

A．判别产品形成过程对质量的影响　　B．判别产品的检验方法是否科学

C．判别产品的检验人员是否胜任　　D．判定产品质量是否符合规定的要求

三、判断题

1. 产品质量即产品的符合性。（　　）
2. 质量检验与生产工人无关。（　　）
3. 在全面质量管理中，质量检验的职能就是严格把关。（　　）
4. 广义质量是指产品质量要全部符合标准。（　　）
5. 产品质量是在设计和生产制造全过程中形成的。（　　）
6. 产品质量的优劣是指产品在使用过程中满足顾客使用要求的程度。（　　）
7. 检验人员的职责就是要搞好对产品质量的检验。（　　）
8. 提出要求的相关方包括顾客、股东、雇员、银行、工会、合作伙伴和社会等。（　　）
9. 在质量概念中，质量描述的对象早期仅限于产品，后来逐渐延伸到了服务，现在已经扩展到了过程、活动、人、组织及其组合。（　　）
10. “合格即质量”的意思是合乎规范意味着具有质量，不合乎规范自然就缺乏质量。（　　）
11. “合格即质量”的认识的缺点是仅仅强调规范、强调合格，容易忽略顾客的要求。（　　）

第2章 常用质量检验方法

教学导航

知识重点	（1）全数检验与抽样检验的应用场合及特点； （2）产品生产过程中的进货检验、过程检验、最终检验； （3）计数检验与计量检验的区别及应用场合； （4）自检、互检、专检； （5）破坏性检验与非破坏性检验的应用场合及特点
知识难点	（1）产品生产过程中的进货检验、过程检验、最终检验； （2）自检、互检、专检
推荐教学方式	讲授法和小组游戏法相结合，老师以生活中购买物品时的挑选为入口，引出质量检验的方法，讲述从原材料到成品整个生产过程中产品经历的检验方法；可以采用连连看的形式组织学生玩游戏，即一组学生手拿写有待检产品的卡片，另一组学生手拿写有检验方法的卡片，两组学生互相寻找与自己配对的待检产品或检验方法
建议学时	2学时

2.1　常用检验方法分类

在质量检验中，常用的检验方法有很多，人们应根据实际产品的特点和生产过程的需要，选择合适的检验方法。常用检验方法如表 2-1 所示。

表 2-1　常用检验方法

检验分类	检验方法
按检验数量分类	全数检验
	抽样检验
按检验流程分类	进货检验
	过程检验
	最终检验
按判别方法分类	计数检验
	计量检验
按检验的后果性质分类	破坏性检验
	非破坏性检验
按检验人员分类	自检
	互检
	专检
按检验目的分类	生产检验
	验收检验
	监督检验
	验证检验
	仲裁检验
按检验方法分类	感官检验
	理化检验
	试验性使用鉴别
按检验地点分类	固定场所检验
	流动检验（巡回检验）

2.2　按检验数量分类

1. 全数检验

全数检验是根据质量标准对送交检验的全部产品逐件进行测定，在挑出不合格品之后，认为其余产品都是合格品的一种检验方法。它又称百分之百检验或全面检验。

虽然全数检验能够提供产品的完整的检验数据和较为充分、可靠的质量信息，给接收者一种心理上的可靠感，但这种方法也存在不足之处。全数检验的缺点主要表现在以下三个方面。

（1）检验的工作量相对较大，检验的周期长。

（2）需要配置的资源数量较多（人力、物力、财力），检验涉及的费用也较高，增加了质量成本。

（3）可能存在较大的错检率和漏检率。

全数检验的应用场合如下。

（1）检验对象为重要的、关键的和贵重的制品的场合。

（2）检验对象为对以后的工序加工有决定性影响的项目的场合。

（3）检验对象为质量严重不均匀的工序和制品的场合。

（4）检验对象为不能互换的装配件的场合。

（5）检验对象批量小、不必进行抽样检验的场合。

2. 抽样检验

抽样检验是按照数理统计原理预先设计的抽样方案从待检总体（如一批产品、一个生产过程等）中抽取一个随机样本，对样本中的每一个个体逐一进行检验，获得质量特性的样本统计值，并将所得数据和相应的标准比较，从而对总体质量做出判断（接收或拒收、受控或失控）的检验方法。

与全数检验相比较，抽样检验具有以下优点。

（1）检验批量小，避免了过多人力、物力、财力和时间的消耗。

（2）降低了检验成本。

（3）缩短了检验周期。

但是抽样检验也具有局限性，它的缺点主要表现在以下几个方面。

（1）抽样检验是根据数理统计原理设计的，所以在被判为合格的总体中，会混杂一些不合格品。

（2）抽样检验的结论是对整批产品而言的，因此错判（如将合格批产品判为不合格批产品而拒收，将不合格批产品判为合格批产品而接收）造成的损失往往很大。

抽样检验的应用场合如下。

（1）产品批量大、单个产品价值低、质量要求不高的场合。

（2）检验是破坏性检验的场合。

（3）检验费用较高的场合。

（4）检验周期较长的场合。

（5）检验对象是散装或流程性材料的场合。

讨论思考：在以下几种情况下，应选择哪种检验方式？

（1）现需要调查太湖水中某种微生物的含量，应选择哪种检验方式？

（2）现有 10 台电视机，需要检验它们的电磁兼容特性，应选择哪种检验方式？

2.3 按检验流程分类

2.3.1 进货检验

进货检验是在企业购进的原材料、外购件和外协件入厂时进行的检验。为了确保外购物料的质量，进货检验应配备专门的质检人员，并按照规定的检验内容、检验方法及检验数量严格认真地进行检验。原材料、外购件和外协件在进厂时必须有合格证或其他合法证明书，否则不予验收。

进货检验的目的是防止不合格品进入仓库，防止使用不合格品而影响产品质量，进而影响企业信誉或打乱正常的生产秩序。

进货检验应由企业的专职检验人员严格按照技术文件认真检验。

进货检验包括首批（件）样品检验和成批进货检验。

1. 首批（件）样品检验

首批（件）样品检验是对供应方的样品进行的检验，其目的在于掌握样品的质量水平和审核供应方的质量保证能力，并为今后成批进货提供质量水平的依据。因此，企业必须认真地对首批（件）样品进行检验，必要时还需对其进行破坏性实验、解剖分析等。

首批（件）样品检验的应用场合如下。

（1）首次交货。

（2）在执行合同的过程中，产品设计有较大的改变。

（3）制造过程有较大的变化，如采用了新工艺、新技术或停产三个月之后恢复生产等。

（4）对产品质量有新的要求。

2. 成批进货检验

成批进货检验是对供应方正常交货的成批货物进行的检验，其目的是防止不符合质量要求的原材料、外购件和外协件等成批进入生产过程、影响产品质量。

根据外购产品的质量要求，应将其按产品质量的影响程度分成 A、B、C 三类，并在检验时区别对待。

（1）A 类（关键）品：必须进行严格的检验。

（2）B 类（重要）品：可以进行抽检。

（3）C 类（一般）品：可以采用无试验检验，但产品必须有符合要求的合格标识和说明书等。

通过 A、B、C 分类检验，可以将检验工作分出主次，集中力量对 A 类品进行检验，确保产品质量。其中，对 A 类原材料、外购件和外协件的检验应采用全项目检验，当没有条件进行全项目检验时，可采用工艺验证的方式进行检验。

3. 进货检验中的紧急放行

紧急放行是因生产需要而对来不及检验的产品放行的做法。

质量部门应在进货检验程序中对紧急放行做出规定，明确紧急放行情况的审批人、责任人，规定可追溯性标识，明确记录的内容及记录如何传递、由谁保存。

对于紧急放行所使用的全部记录，相关人员应按规定认真填写，在保存期内不得丢失或擅自销毁。

紧急放行的操作步骤如下。

（1）当供应商的产品进厂后，对于需要紧急放行的产品，责任部门（一般为资材部或生产部）的责任人根据情况提出紧急放行申请，报经授权人审批。

（2）对紧急放行的产品标注可追溯性标识，同时做好识别记录，记录中应详细记载紧急放行产品的规格、数量、时间、地点、标识方法和供应商的名称及其提供的证据。

（3）在紧急放行的同时，应留取规定数量的样品进行检验，而且检验报告必须尽快完成。

（4）应设置适当的紧急放行的停止点（相应文件规定的某点，未经授权批准，相关人员不能使产品越过该点继续活动），对于流转到停止点上的紧急放行产品，检验人员在接到证明该批产品合格的检验报告后，才能将产品放行。

（5）若经检验发现紧急放行产品不合格，要立即根据可追溯性标识及识别记录将不合格品追回。

> 小提示：有关紧急放行
>
> 对紧急放行产品，要明确地做出标识和记录，以便当发现有不符合规定的情况时，及时将产品追回和更换。
>
> 允许紧急放行的具体条件是，发现的产品不合格问题在技术上能够纠正，并且在经济上不会造成较大损失，也不会影响与紧急放行产品连接、相配的零部件的质量及产品的整体质量。

2.3.2　过程检验

过程检验也称工序检验，是在产品生产过程中对各加工工序之间的产品进行的检验，其目的在于保证各工序生产的不合格半成品不流入下道工序，防止对不合格半成品继续加工，防止出现成批半成品不合格的情况，确保正常的生产秩序。由于过程检验是按生产工艺流程和操作规程进行的检验，所以它能起到验证工艺和保证工艺规程贯彻执行的作用。过程检验通常有以下三种形式。

1. 首件检验

首件检验是在生产开始时（上班或换班）或工序因素调整后（调整工艺、工装、设备等）对制造的第一件或前几件产品进行的检验，其目的是尽早发现过程中的系统因素，防止产品成批报废。

在首件检验中，可实施首件三检制，即操作人员自检、上道工序与下道工序之间的互检和专职检验员检验。当首件产品不合格时，应对其进行质量分析，采取纠正措施，直到再次进行的首件检验合格，才能成批生产产品。

首件检验的应用场合如下。

(1) 一批产品开始投产。

(2) 设备重新调整或工艺有重大变化。

(3) 操作人员变更。

(4) 材料发生变化。

小提示：关于首件产品的注意事项

检验人员应对检验合格的首件产品打上规定的标识，并保持该操作到当班产品或当批产品加工完了为止。

对大批量生产的产品而言，首件检验不应只检验一件样品，而应该检验一定数量的样品。

2. 巡回检验

巡回检验也称流动检验，是检验人员在生产现场按一定的时间间隔对有关工序的产品质量和加工工艺进行的监督检验。

巡回检验人员在过程检验中应进行的检验项目和职责如下。

(1) 巡回检验的重点是关键工序处的检验，检验人员应熟悉所负责的检验范围内的工序质量控制点的质量要求、检测方法和加工工艺，并对加工后的产品是否符合质量要求及检验指导书规定的要求负有责任。

(2)检验人员应做好经过检验的合格品、不合格品(返修品)、废品的专门存放处理工作。

3. 末件检验

末件检验是在当班产品或当批产品加工完毕后，全面检查最后一个（组）加工的产品的检验。通过末件检验可以判断生产结束后的产品质量是否仍在合格状态，同时可以对下一个班次的首件生产进行保证。

末件检验的应用场合如下。

(1) 当班交班前。

(2) 当批产品生产结束前。

(3) 停机生产前。

小提示：有关巡回检验

生产过程中的巡回检验应严格做到以下四点。

(1) 不合格的材料不投产。

(2) 不合格的制品不转序。

(3) 不合格的零部件不组装。

(4) 不合格的成品不入库。

2.3.3 最终检验

最终检验也称成品检验，其目的在于保证不合格品不出厂。最终检验是在生产结束后、产品入库前对产品进行的全数检验。

最终检验由企业的质量检验机构负责，该检验应按成品检验指导书中的规定进行，对大批量成品的检验一般采用统计抽样检验的方式。

对于最终检验合格的产品，在检验人员签发合格证后，车间才能对其办理入库手续。

产品的最终检验主要包含以下两个方面。

（1）外观检验。这种检验一般采用感官检验的方式，有时会结合简单的量具，主要检验产品的外观是否有裂痕、变形、锈蚀、警示语不清楚等情况。

（2）性能检验。这种检验主要是对产品的技术性能、安全性能和可靠性进行的检验。由于每个产品的技术指标不同，所以技术性能检验因产品而异。安全性能检验主要是为了确保产品使用者的人身安全和产品本身的安全。对于电子产品而言，安全性能主要包括耐压性能、绝缘性能、泄漏电流等。产品的可靠性是指产品在规定条件下和规定时间内实现规定功能的能力。产品的可靠性检验主要包括环境试验（如高低温试验、盐雾试验、潮热试验等）和寿命试验等。

小提示：对最终检验不合格的产品的处理

最终检验不合格的产品经返工、返修后必须再次进行全项目检验，检验人员要做好返工、返修的产品的检验记录，保证产品质量具有可追溯性。

2.4　按判别方法分类

1. 计数检验

计数检验分为计件检验和计点检验。计件检验只区分产品是合格品还是不合格品，通过该检验获得的质量数据为合格品数量、不合格品数量；对于不合格品，不必考虑其偏离标准的程度。计点检验是只需要计算不合格数、不必确定单位产品是否是合格品的检验。

2. 计量检验

计量检验需要测量和记录质量特性的具体数值，取得计量值，并根据所得数据与标准的对比结果判断产品是否合格。该检验方式可用于检验电子元器件的泄漏电流、机械零部件的尺寸、金属材料的机械性能、化工产品的化学成分、灯泡的寿命等。

案例 2-1　计件检验、计点检验和计量检验。

（1）在对某电热水壶做最终检验时，检验人员发现电源线有破损，于是判定该电热水壶为不合格品，该过程为计件检验。

（2）在对某电热水壶做最终检验时，检验人员发现外观有划痕和丝印不清，于是判定该电热水壶外观有两处不合格，该过程为计点检验。

（3）在对某电热水壶做最终检验时，对泄漏电流的检测属于计量检验。

小提示：

用计量值表示的质量特性也可用计数检验的方法进行检验，若产品的质量特性不符合规定，则该产品为不合格品。

2.5 按检验的后果性质分类

1. 破坏性检验

破坏性检验是只有将受检样品破坏才能进行的检验，或者在检验过程中受检样品被破坏或被消耗的检验。破坏性检验会使受检样品的完整性遭到破坏，使其不再具有原来的使用功能。寿命试验、强度试验等往往是破坏性检验。随着检验技术的发展，破坏性检验日益减少。破坏性检验只能采用抽样检验的方式来进行。

2. 非破坏性检验

非破坏性检验又称无损检验，是产品在检验时没有受到破坏的检验，或者虽然产品在检验过程中有损耗但对产品质量不产生实质性影响的检验。对机械零件的尺寸的检验等都属于非破坏性检验。随着非破坏性检验的发展，它的应用范围也逐渐扩大。

2.6 按检验人员分类

1. 自检

自检是操作工人对自己加工的产品或零部件进行的检验。自检的目的是使操作工人通过检验了解被加工产品或零部件的质量状况，并据此对生产过程不断地进行调整，从而生产出完全符合质量要求的产品或零部件。

2. 互检

互检是同工种或上道工序的操作工人与下道工序的操作工人相互检验他们加工的产品的检验。互检的目的在于使操作工人通过检验及时发现不符合工艺规程的规定的质量问题，以便操作工人及时采取纠正措施，从而保证加工的产品的质量。

3. 专检

专检是由企业质量检验机构直接领导且专职从事质量检验的人员进行的检验。

小提示： 三检制

在产品的制程检验中，人们通常采用三检制，即自检、互检、专检。

2.7 按检验目的分类

1. 生产检验

生产检验是企业在产品的整个生产过程中的各个阶段进行的检验。生产检验的目的在于保证企业生产的产品的质量。

2. 验收检验

验收检验是顾客（需方）在验收企业（供方）提供的产品时进行的检验。它是顾客为了保证验收产品的质量而进行的检验。

3. 监督检验

监督检验是经各级政府主管部门授权的独立检验机构按质量监督管理部门制订的计划，从市场的商品中抽取样品或直接从企业的产品中抽取样品进行的市场抽查监督检验。监督检验的目的是对投入市场的产品的质量进行宏观控制。

4. 验证检验

验证检验是经各级政府主管部门授权的独立检验机构从企业生产的产品中抽取样品，并通过检验来判断企业生产的产品是否符合相关的质量标准要求的检验，如产品质量认证中的型式试验。

5. 仲裁检验

仲裁检验是当供需双方因产品质量发生争议时，经各级政府主管部门授权的独立检验机构抽取样品进行的检验。它可以为仲裁机构提供做出裁决的依据。

讨论思考：

（1）某地工商局对市场上流行的 USB 便携式电源产品进行抽查检验。

（2）某顾客认为自家购买的电冰箱冷冻室的温度不能达到-24℃，与产品说明书不一致，厂家维修人员检验后，认为该冰箱没有质量问题，但是该顾客依然认为该电冰箱在制冷方面有问题，将该厂投诉到消费者协会，消费者协会请求省级质量监督部门对该电冰箱进行检验。

从检验目的的角度分类，以上两种检验属于哪种形式？

2.8　按检验方法分类

1. 感官检验

感官检验就是依靠人的感觉器官对质量特性或特征做出评价和判断的检验。例如，对产品的形状、颜色、气味、伤痕、污损、锈蚀和老化程度等特性的检验和评价，往往要靠人的感觉器官来进行。

感觉质量的判定基准用数值表达很难，在检验人员把感觉数量化并进行比较判断的过程中，感官检验结果也常受人的自身个性及状态影响。因此，感官检验的结果往往依赖于检验人员的经验，并有较大的波动性。虽然如此，由于目前理化检验技术发展的局限性及质量检验问题的多样性，感官检验在某些场合仍然可作为质量检验的选择或补充。

感官检验的结果是感觉质量，其表示形式包括如下四种。

（1）数值表示法。该方法将感觉器官作为工具进行计数、计量，并给出检验结果。

（2）语言表示法。该方法是最常用的感觉质量定性表示方法，它将感觉质量特性的用语和表示程度的质量评价用语组合使用来表示质量。

（3）图片比较法。该方法将实物质量特性图片和标准图片进行比较，做出质量评价。

（4）检验样品（件）比较法。该方法将实物产品的质量特性和标准样品（件）、极限样品及程度样品的质量特性进行比较判定。

2. 理化检验

理化检验是主要依靠量检具、仪器、仪表、测量装置或化学方法对产品进行检验来获得检验结果的检验。在条件允许的情况下，对产品的检验应尽可能采用理化检验。

3. 试验性使用鉴别

试验性使用鉴别是通过对产品进行实际使用来观察使用效果的检验。该方法通过对产品进行实际使用，观察产品的使用特性的情况。

2.9 按检验地点分类

1. 固定场所检验

固定场所检验是在设立于产品生产过程中的作业场所、场地、工地的固定检验站（点）进行的检验。

固定场所检验适用于检验仪器设备不便移动或使用较频繁的情况。固定检验站的工作环境相对较好，该检验方法也有利于对检验工具或仪器设备的使用和管理。

2. 流动检验（巡回检验）

流动检验是在作业过程中，检验人员到产品生产过程中的作业场地、作业人员和机群处进行的流动性检验。

流动检验一般适用于检验工具比较简便且精度要求不高的检验，以及产品重量大、不适宜搬运的产品。

流动检验的优点如下。

（1）可及时发现生产过程（工序）中出现的质量问题，使作业人员能及时调整过程参数并纠正不合格的情况，从而避免产生成批废品。

（2）可以减少搬运和取送中间产品（零件）的工作，防止磕碰、划伤等缺陷的产生。

（3）节省作业人员在检验站排队等待检验的时间。

知识梳理与总结

本章主要介绍产品检验中常用的检验方法，学习者在学习过程中应注意以下两个方面。

（1）几种检验方法的应用场合。

（2）几种检验方法的优点和缺点。

学习检测 2

扫一扫看本章习题答案

一、选择题

1．下列说法正确的是（　　）。

A．全数检验又称为百分之百检验

B．全数检验的目的在于检验样品是否符合要求

C．抽样检验大大减少了检验工作量、降低了检验费用

D．抽样检验能提供产品的完整的检验数据和较为充分、可靠的质量信息

2．抽样检验的应用范围包括（　　）。

A．少量不合格品不会造成重大经济损失的产品

B．生产批量大、自动化程度高、产品质量比较稳定的作业过程

C．破坏性检验

D．某些不可能实现全数检验的检测项目

3. 按产品生产过程的相关阶段分类，检验可分为（　　）。

A．自检　　B．进货检验　　C．最终检验

D．过程检验　　E．专检

4．进行最终检验的前提条件是（　　）。

A．所有过程检验都已完成　　B．所有进货检验都已完成

C．所有检验结果都得到顾客认定　　D．之前的检验结果均满足规定要求

E．所有检验方案都得到顾客认同

5．以下对进货检验的阐述正确的是（　　）。

A．是采购产品的一种验证手段

B．进货检验均应经顾客签字认可

C．其对象是原材料及对产品生产过程和最终产品质量有重大影响的采购物品和物资

D．其目的是防止不合格品投入使用影响产品质量

E．产品生产者应制定进货检验程序文件或制度

6．最终检验的主要工作内容是（　　）。

A．确认最终产品是否可以交付　　B．签发产品的合格凭证

C．确认产品是否符合规定要求　　D．确认产品是否符合产品认证要求

7．以下对过程检验的阐述正确的是（　　）。

A．对产品生产过程中的半成品或成品通过观察、测量、试验等方法确定其符合规定质量要求的手段

B．产品生产者应制定进料检验程序文件或制度

C. 过程检验的对象是本工序完成的产品

D. 目的是判断产品质量是否合格并检查过程是否受控

E. 在过程检验中应十分重视首件检验

8. 在进货检验中产品能紧急放行的条件是（　　）。

A. 产品明确标识，以便区分　　B. 产品不需要再进行检验

C. 产品要做记录，以便追溯　　D. 一旦发现问题能将该产品更换或追回

9. 以下对最终检验的阐述正确的是（　　）。

A. 为了判断产品生产过程的最终工序完成的产品是否符合规定质量要求所进行的检验

B. 最终检验应严格根据成品检验指导书中的规定进行

C. 最终检验由企业的质量检验机构负责，包装检验是最终检验的一项不容忽视的内容

D. 由于不同产品的结构和性能不同，所以它们的最终检验的内容方法也不相同，大批量自动化生产的产品可全数检验

E. 最终检验是产品质量的控制重点，是放行、交付（销售、使用）的重要依据

10. 感官检验最主要的缺点是（　　）。

A. 检验结果精度不够

B. 需要同时使用耳、鼻、眼等感觉器官

C. 受检验人员的主观因素（经验、判断能力等）的影响较大

D. 无法使用计算机采集数据

11. 根据感官检验的定义，以下不属于感官检验的是（　　）。

A. 用仪器测量零件尺寸　　B. 品酒师品尝啤酒

C. 目视检查纺织品的疵点　　D. 油漆样板比对

12. 感官检验结果的表示方法有（　　）。

A. 数值表示法　　B. 实物验证法　　C. 检验样品（件）比较法

D. 语言表示法　　E. 图片比较法

13. 一般情况下，电子元器件的寿命试验属于（　　）。

A. 非破坏性检验　　B. 破坏性检验

C. 全数检验　　D. 感官检验

14. 以下哪个是适合计点检验的质量特性（　　）。

A. 废品数　　B. 一等品数

C. 气孔数　　D. 破损数

15. 首件检验的作用是（　　）。

A. 有效地防止产生成批不合格品

B. 确认过程（工序）生产的产品的质量是否符合规定要求

C. 确认作业（工艺）过程是否受控

D. 锻炼员工的技能

第3章 不合格的管理及处置

教学导航

扫一扫看本章教学课件

知识重点	（1）不合格与不合格品的定义及区别； （2）不合格严重性分级的级别； （3）不合格严重性分级的作用及原则； （4）不合格品的隔离与标识； （5）不合格品的处置方式
知识难点	（1）不合格与不合格品的定义及区别； （2）不合格严重性分级的作用及原则； （3）不合格品的处置方式
推荐教学方式	翻转教学法，课前发放课前学习任务单，学生根据任务单要求，完成课前学习任务，课上老师抽查任务单完成情况，根据学生完成情况，补充讲解，解决重难点
建议学时	4 学时

3.1 不合格与不合格品定义

ISO 9001:2015 对不合格的定义为未满足要求。不合格的含义为产品、服务、过程和体系没有满足要求，因此不合格包括不合格品和不合格项。

不合格品是指经检验确认其质量特性不符合规定要求的产品。质量检验工作的重要任务之一，就是在整个产品生产过程中剔除和隔离不合格品。及时剔除、隔离不合格品可防止误用或误装造成的不合格品的出现。

在产品生产过程中，企业为了防止不合格的原材料投入生产、不合格的半成品进入下道工序、不合格的成品进入市场，必须对不合格品进行严格有效的控制，以确保最终产品的质量能满足顾客的要求。

小提示：不合格品与不合格项的区别

如果产品的特性未满足要求，则该产品称为不合格品。

如果服务、体系或过程的某项未满足要求，则该项称为不合格项。

3.2 不合格严重性分级

不合格是质量偏离规定要求的表现，而这种偏离因其质量特性的重要程度的不同和偏离规定的程度的不同，对产品适用性造成的影响也是不同的。不合格严重性分级，就是将产品质量可能出现的不合格按其对产品适用性的影响的不同进行分级，列出具体的分级表，并据此实施管理。

不合格严重性分级在美国使用得较早。20 世纪 40 年代，美国贝尔系统在公司范围内对质量特性的重要性和不合格的严重性进行了分级。在第二次世界大战期间，美国国防部采用了这种分级方案。

3.2.1 不合格严重性分级的作用

（1）采用不合格严重性分级可以明确检验的重点。通过分级明确各种不合格对产品适用性的影响的严重程度，不仅可以使检验人员把握检验工作的重点，也便于检验人员在检验活动中更好地把握产品质量的关键并提高检验效率。

（2）采用不合格严重性分级有利于选择更好的验收抽样方案。在使用抽样标准时，对于接收质量限（AQL）的确定及不合格品的判定和处理，检验人员可根据不合格的严重性的不同级别做出不同的选择。

（3）采用不合格严重性分级便于综合评价产品质量。通过不合格严重性分级，检验人员可以对产品的多项质量特性的不合格进行总体评价。例如，对产品的质量检验结果进行记录统计，以最低一级的不合格为基数，对其余各级的不合格按严重程度加权计算，最后进行比较。用这种方法可以把某个作业组织、作业人员或某一产品（包括零部件）产生的实际不合格用同一基数进行加权综合比较，使评价工作更加科学、细致，有利于评价相对质量水平，

为保证和提高产品质量建立激励机制、提供评定依据。

（4）对不合格的严重性进行分级并实施管理，对发挥质量综合管理和质量检验职能的有效性都有重要作用。例如，在质量审核时，根据具体产品的使用要求和顾客反馈信息中的不合格项对产品不合格的严重性进行分级，就可以客观地评价产品质量水平，这有利于提高审核的有效性。

案例 3-1　产品的不同质量特性对产品整体质量的影响程度。

在对某电热水壶进行出厂检验时，检验人员发现两处不合格，一处是电源线有破损，铜丝裸露，另一处是警示语不清楚。在这两处不合格中，显然电源线破损对电热水壶的质量影响更大，它会对使用者的人身安全造成威胁，所以企业在做检验时就要对其重点关注；而警示语不清楚对电热水壶的功能没有很大影响，企业在检验时对该项的关注程度低于对电源线的关注程度。

3.2.2　不合格严重性分级的原则

不合格严重性分级需要考虑的原则如下。

（1）在分级时规定的质量特性的重要程度。例如，高等级的质量特性不合格的严重性也高。

（2）不合格对产品适用性的影响程度。不合格严重性分级不能单纯根据质量特性的重要程度来划分，人们还应从使用和安全、经济、对市场占有份额的影响等方面综合进行考虑。

（3）顾客反映的不满意的强烈程度。顾客反映的不满意的程度越强烈，其严重性也越大。

（4）外观、包装等非功能性因素的影响程度。

（5）不合格对下一作业过程（工序）的影响程度。

不同行业的不合格严重性分级的原则也不完全相同，表 3-1 为机械产品不合格严重性分级的原则的共同模式示例，表 3-2 为食用产品不合格严重性分级的综合原则示例，表 3-3 为汽车产品不合格严重性分级示例。

表 3-1　机械产品不合格严重性分级的原则的共同模式示例

不合格严重性的级别	不合格分值	造成人身伤害事故	造成运转失灵	造成现场难以确定位置的间歇性运转故障	造成次于标准的运转故障	导致增加保养次数或减短寿命	造成顾客安装上的困难	外形、图层或工艺上的缺陷
A	100 分	易	必然*	必然				
B	50 分		必然** 大概会		必然	必然	大大增加	
C	10 分		可能会		可能会	可能会	增加减少	大
D	1 分		不会		不会	不会		小

注：*表示现场难以纠正；**表示现场容易纠正。

表 3-2　食用产品不合格严重性分级的综合原则示例

不合格严重性的级别	对顾客安全的影响	对使用的影响	与顾客的关系	公司的损失	对符合政府规定的情况的影响
关键性的	必然会使顾客遭受伤害或疾病	使产品完全不能使用	气味、外观等会伤害顾客的感受	失去顾客并造成远超过产品价值的损失	不符合有关纯度、毒性和鉴定方面的规定

续表

不合格严重性的级别	对顾客安全的影响	对使用的影响	与顾客的关系	公司的损失	对符合政府规定的情况的影响
主要的A	不大可能造成人身伤害和疾病	可能会使产品不能用并可能被顾客拒绝	可能被顾客觉察，降低了产品的销售性	可能会失去顾客并造成远超过产品价值的损失，将显著地减少生产产量	不符合有关质量、体积或批量控制方面的规定
主要的B	不会造成人身伤害和疾病	使产品比较难以使用，如难以从包装中取出或需要顾客进行临时处理，影响产品的外形、整洁	可能被顾客觉察，如果被觉察会引起顾客的不快	不大可能失去顾客，可能需要调换，可能造成相当于产品价值的损失	与有关重量、体积或批量控制的规定稍有不符，如在文件资料的完整性上不符
次要的	造成人身伤害和疾病	不会影响产品的使用，可能会影响其外形、整洁	不会被顾客觉察，即使被觉察也无影响	不大可能造成损失	完全符合规定

表3-3　汽车产品不合格严重性分级示例

不合格严重性的级别	性　质	说　明	举　例
A	对安全性有极严重的影响，与车辆性能有极紧密的关系	可危及人的生命或使车辆的一项重要功能不起作用	转向节的热处理； 液压制动软管不受压力
B	车辆一般功能； 重要零件的功能； 顾客重视的外观	可能影响车辆基本功能的非安全性问题	制动器发出噪声； 行李箱的锁不能打开； 车身表面褪色
C	次要零件的功能； 顾客不重视的外观	不影响车辆功能或顾客极为重视的外观，不属于A、B两级的缺陷	底盘上的锈蚀； 零件上印花图案的变形

案例3-2　某公司质量检验用不合格严重性分级规定如表3-4所示。

表3-4　某公司质量检验用不合格严重性分级规定

不合格严重性的级别	A	B	C	D
严重性	致命的不合格	严重的不合格	一般的不合格	次要的不合格
安全性	影响安全的所有不合格	不涉及	不涉及	不涉及
寿命	会影响寿命	可能影响寿命	不影响	不影响
运转或运行	引起难以纠正的非正常情况	可能引起易于纠正的异常情况	不会影响运转或运行	不涉及

续表

可靠性	会造成产品故障	可能引起易于修复的故障	不会成为故障的起因	不涉及
对外观质量的影响	顾客肯定会发现并进行申诉	顾客可能会发现，或者可能会申诉	顾客可能会发现，但不会申诉	顾客不会发现
对包装质量的影响	错装、漏装零部件，或者装不牢在运输中造成损坏，顾客肯定会申诉	包装涂漆不良，可能引起锈蚀，顾客会很不满意，可能会申诉	错装、漏装一般紧固件，顾客可以自己解决，并且不会申诉	顾客不会申诉
对下道工序的影响	肯定会引起重要混乱	可能引起重要混乱，但肯定引起次要混乱	可能引起次要混乱	不会引起混乱
装配	—	肯定会造成装配困难	可能影响装配过程	不涉及
处理权限	公司质量负责人	检验部门负责人	检验机构技术人员	检验组长
检验严格性	100%严格检验、加严检验	严格检验、正常检验	一般检验、抽样检验	抽样检验、放宽检验

3.2.3　不合格严重性分级的级别

根据不合格严重性分级的原则，目前我国国家标准推荐将不合格分为三个级别，其代号分别为 A、B、C；某些行业或企业会根据自己的原则，将不合格的严重性划分为四个级别。级别划分不宜太细，划分越细，级别之间的差异就越难区分。

1. 三级不合格严重性分级

（1）A 类不合格。单位产品的极重要的质量特性不符合规定，或者单位产品的质量特性极严重地不符合规定，这种情况的不合格称为 A 类不合格。

（2）B 类不合格。单位产品的重要质量特性不符合规定，或者单位产品的质量特性严重不符合规定，该情况下的不合格称为 B 类不合格。

（3）C 类不合格。单位产品的一般质量特性不符合规定，或者单位产品的质量特性轻微不符合规定，该情况的不合格称为 C 类不合格。

从以上分级可以看出，不合格严重性分级的级别既与质量特性的重要程度有关，又与不合格的严重程度有关。

2. 四级不合格严重性分级

美国贝尔系统将不合格的严重性分为四级。

1）A 级——非常严重（不合格分值 100 分）

（1）该级不合格必然会造成部件在使用中运转失灵，而且在现场难以纠正，如继电器线圈断线。

（2）该级不合格必然会造成间隙的运转故障，而且在现场难以确定其位置，如接线连接不实。

（3）该级不合格会使部件完全不合用，如电话拨号盘不能恢复到正常位置。

（4）该级不合格在正常使用情况下容易造成人员伤害或财产损失，如接线的露出部分有锐利的边缘。

2）B 级——严重（不合格分值 50 分）

（1）该级不合格可能会造成部件在使用中运转失灵，而且在现场难以纠正，如同轴插销的保护涂层缺损。

（2）该级不合格必然会造成部件在使用中运转失灵，但在现场可较容易地纠正，如继电器接触不良。

（3）该级不合格必然会造成尚未严重到运转失灵程度的故障，如保险器组不能在特定电压下运转。

（4）该级不合格必然会导致保养次数增加或寿命缩短，如单接点圆盘不合格品。

（5）该级不合格会大大增加顾客在安装上的困难，如安装孔错位。

（6）该级不合格为极严重的外形或涂层上的不合格，如涂层颜色同其他部件不能匹配，该情况下需要重涂涂层。

3）C 级——中等严重（不合格分值 10 分）

（1）该级不合格可能会造成部件在运转中失灵，如接触低于最低限度。

（2）该级不合格可能造成尚未严重到运转失灵程度的故障，如振铃不在特定范围内运转。

（3）该级不合格可能导致保养次数增加或寿命缩短，如接触部位肮脏。

（4）该级不合格会造成顾客在安装上的小困难，如安装托座歪曲。

（5）该级不合格为较大的外观、涂层或工艺上的不合格，如涂层有明显的划痕。

4）D 级——不严重（不合格分值 1 分）

（1）该级不合格不影响部件在使用时的运转，以及它的保养或寿命，包括在工艺要求上的偏差，如套管太长或太短。

（2）该级不合格为外观、涂层或工艺上的小毛病，如涂层有轻微划痕。

不同行业、不同产品的不合格严重性分级会有所不同，因此如何划分不合格严重性的级别应根据具体情况确定。

讨论思考：根据不合格严重性分级的原则，对以下几个电吹风的质量特性指标进行不合格严重性分级。

开关按钮不灵敏、说明书与型号不匹配、包装箱有破损、功率不达标、泄漏电流大于额定要求、电源线小于规定长度、装配不紧固。

3.2.4 产品不合格严重性分级表

（1）产品不合格严重性分级原则（标准）是生产者的一种管理规范性质的文件（可编入组织管理标准内），并不是某种产品的质量检验计划的构成文件，某种产品的产品不合格严重性分级表才是该产品的质量检验计划的组成部分。

（2）产品不合格严重性分级表根据产品不合格严重性分级原则（标准），针对具体产品可能出现的质量特性不合格对其严重性进行分级，产品不合格严重性分级表应明确列出不合格的项目、状况及严重性级别。

（3）掌握产品不合格严重性分级表就可以掌握某项产品的检验工作的关键，从而确定采取何种检验方式。例如，有些质量特性项目需要专检，有些则需要自检或互检；还可通过产品不合格严重性分级表确定检验的频次和检验的数量，以及哪些项目需要编制检验指导书（检验规程）。因此，掌握和用好产品不合格严重性分级表不仅对提高检验工作质量和效率、降低检验费用有重要的意义，而且对设计产品生产过程、策划检验工作及编制有关检验文件（如检验指导书）有直接的指导作用。

案例 3-3　某型号真空吸尘器的产品不合格严重性分级表如表 3-5 所示。

表 3-5　某型号真空吸尘器的产品不合格严重性分级表

<table>
<tr><td colspan="2">产品小类　真空吸尘器</td><td>参考 FV5120</td><td>修订××</td><td colspan="4">页次 1</td></tr>
<tr><td>型号
×××</td><td>发出日期
××××年××月××日</td><td>发布者
×××</td><td>核准日期
××××年××月××日</td><td colspan="4">核准者
×××</td></tr>
<tr><td rowspan="2">项目
号码</td><td colspan="3" rowspan="2">特　性</td><td colspan="4">分　级</td></tr>
<tr><td>A</td><td>B</td><td>C</td><td>D</td></tr>
<tr><td>一</td><td colspan="3">包装、标识</td><td></td><td></td><td></td><td></td></tr>
<tr><td>1</td><td colspan="3">包装</td><td></td><td></td><td></td><td></td></tr>
<tr><td></td><td colspan="3">纸板箱有缺陷，包扎不良，横向支撑物失落等</td><td></td><td></td><td>×</td><td>×</td></tr>
<tr><td>2</td><td colspan="3">标签（见数据标牌和吸风机元件）</td><td></td><td></td><td></td><td></td></tr>
<tr><td></td><td colspan="3">失落</td><td></td><td></td><td>×</td><td></td></tr>
<tr><td></td><td colspan="3">电压和型号标识错误（如 Z90 误作 Z89）</td><td>×</td><td></td><td></td><td></td></tr>
<tr><td></td><td colspan="3">其他缺点（标签不清楚、撕破等）</td><td></td><td></td><td></td><td>×</td></tr>
<tr><td>3</td><td colspan="3">数据标牌（见标签和吸风机元件）</td><td></td><td></td><td></td><td></td></tr>
<tr><td></td><td colspan="3">失落</td><td>×</td><td></td><td></td><td></td></tr>
<tr><td></td><td colspan="3">电压标识或合格标识错误</td><td>×</td><td></td><td></td><td></td></tr>
<tr><td></td><td colspan="3">固定不良（铆钉）</td><td>×</td><td>×</td><td>×</td><td></td></tr>
<tr><td></td><td colspan="3">标牌错误（如 Z90 误作 Z89）</td><td></td><td>×</td><td></td><td></td></tr>
<tr><td>4</td><td colspan="3">附件及印刷品</td><td></td><td></td><td></td><td></td></tr>
<tr><td></td><td colspan="3">遗漏及/或错误：软管、接长管和组合吸嘴</td><td>×</td><td></td><td></td><td></td></tr>
<tr><td></td><td colspan="3">遗漏及/或错误：其他零件</td><td></td><td>×</td><td></td><td></td></tr>
<tr><td></td><td colspan="3">遗漏说明书或其他印刷品</td><td></td><td></td><td>×</td><td>×</td></tr>
<tr><td></td><td colspan="3">附件过多</td><td></td><td></td><td></td><td>×</td></tr>
<tr><td>二</td><td colspan="3">外观</td><td></td><td></td><td></td><td></td></tr>
<tr><td>1</td><td colspan="3">吸尘器一般外观</td><td></td><td></td><td></td><td></td></tr>
<tr><td></td><td colspan="3">装配不良：机身、后罩、手柄架、滑车、钩子</td><td></td><td>×</td><td>×</td><td>×</td></tr>
<tr><td></td><td colspan="3">集尘器内部有脏物</td><td></td><td></td><td>×</td><td>×</td></tr>
</table>

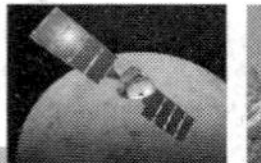

续表

产品小类　真空吸尘器		参考 FV5120	修订××	页次 1	
型号 ×××	发出日期 ××××年××月××日	发布者 ×××	核准日期 ××××年××月××日	核准者 ×××	

项目号码	特　性	分　级			
		A	B	C	D
	不整洁（有灰尘、手指印、标号颜色等）			×	×
	表面缺点（污渍、划痕等）		×	×	×
	塑料模制品（扩散器格栅、手柄架、前盖、捏手、后罩、开关、制动按钮等）				
	铸压件（前环、钩子、锁紧螺栓）		×	×	×
	镀镍件（铭牌座、滑车）			×	×
2	整个机身				
	外壳：气泡或明显焊痕		×	×	×
	外壳：其他缺点（受损、错误配件、错误铭牌文字等）		×	×	×
	机身变形（凹陷等）		×	×	×
3	铭牌				
	遗漏	×			
	装错铭牌（铭牌文字为别的牌号）	×			
	装配不良（如脱离铭牌座）	×	×	×	
	表面缺点（如印刷不良、受损）			×	×
4	附件				
	软管、接长管、组合吸嘴的外部缺点		×	×	×
	其他附件的外部缺点			×	×

请参考上述案例对你身边的真空吸尘器进行不合格严重性分级。

3.3　不合格品的控制

3.3.1　不合格品的控制程序

在整个产品生产过程中，由于产品受到各种因素的影响，所以可能会出现一些不符合产品图样、工艺文件和技术标准的产品。同时，生产企业也可能会购进一些有缺陷的原材料、外购件、外协件等。如果这些产品经检验被判定不满足规定的要求，则它们为不合格品。

不合格品的控制程序主要是对生产和采购过程中及产品交付后发现的不合格品及时地进行标识和隔离、处理和整改的过程，它的目的是防止不合格品流入下一工序及顾客处，并确保不合格品按照程序被正确地处理。不合格品的控制程序如图 3-1 所示。

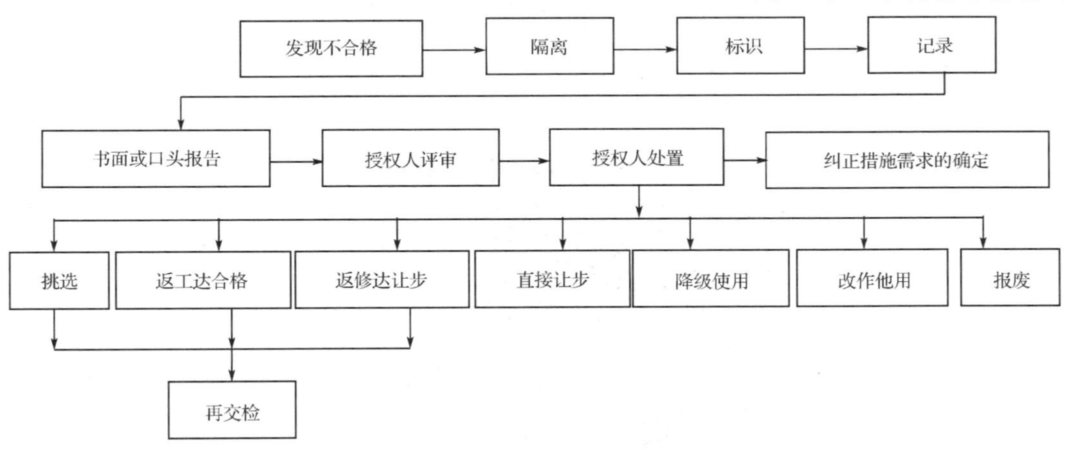

图 3-1　不合格品的控制程序

> **小提示：**不合格品的控制程序的文件的分类
>
> 生产企业在具体制定自己的不合格品的控制程序的文件时，一般在文件中会分类列出对来料中的不合格品的处置方法、对生产过程中的不合格品的处置方法、对半成品中的不合格品的处置方法、对成品中的不合格品的处置方法。

3.3.2　不合格品的隔离与标识

在产品生产过程中，一旦出现不合格品，不仅要及时上报上级主管部门，还需要对不合格品进行隔离和标识，以防止误用或误装不合格品，给生产造成混乱，否则不合格品不仅会直接影响产品质量，还会影响人身安全和社会稳定，对生产企业的声誉更会造成不良的影响。因此，生产企业应根据生产规模和产品的特点，在检验系统内设置不合格品隔离区（室）或隔离箱，以便对不合格品进行隔离和存放，这也是质量检验工作的重要内容。另外，还要做到以下六点。

（1）属于检验部门的各检验站（组）应设有不合格品隔离区（室）或隔离箱，图 3-2 为某生产企业的不合格品隔离箱。

图 3-2　某生产企业的不合格品隔离箱

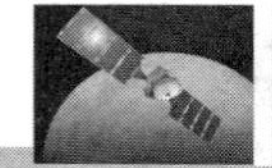

（2）一旦发现不合格品并对它及时做出标识后，应立即将其隔离存放，避免出现误用或误装的情况，严禁个人、小组或生产车间随意贮存、取用不合格品。生产企业常用的不合格品标识牌如图 3-3 所示。

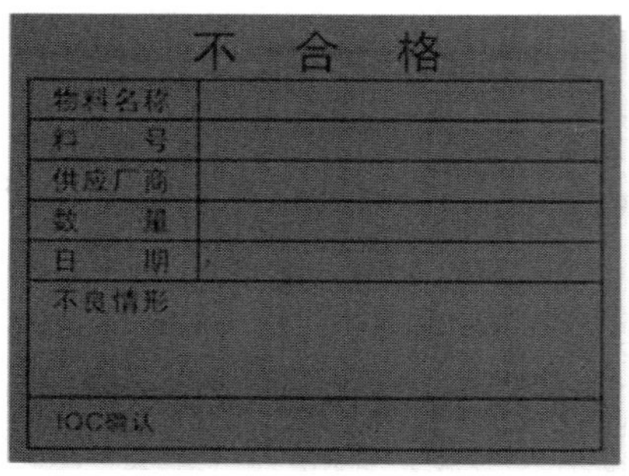

图 3-3　生产企业常用的不合格品标识牌

（3）及时或定期组织有关人员对不合格品进行评审和分析处置。

（4）对确认为拒收和报废的不合格品，应严加隔离和管理，对私自动用废品者，检验人员有权制止、追查、上报。

（5）根据对不合格品的分析处置意见，对于可返工的不合格品，应填写返工单交相关生产作业部门返工；对于降级使用或改作他用的不合格品，应做出明显标识交有关部门处置；对于拒收和报废的不合格品，应填拒收单和报废单交供应部门或废品库处置。

（6）对于无法隔离的不合格品，应予以明显标识，并将其妥善保管。

> 小提示：不合格品的标识隔离方法
> （1）使用不合格标签标识。
> （2）在物品上打不合格印记。
> （3）将不合格品存放在不合格品隔离箱中。
> （4）将不合格品存放在不合格品隔离区域中。

3.3.3　不合格品的处置方式

根据 ISO 9001:2015 的规定，对不合格品的处置有三种方式。

1. 纠正

纠正是为了消除已发现的不合格所采取的措施。这些措施主要包括以下三种。

（1）返工是为了使不合格品符合要求而对其所采取的措施。

（2）返修是为了使不合格品满足预期用途而对其所采取的措施。

（3）降级是为了使不合格品符合不同于原有要求的要求而对其等级的改变。

2. 报废

报废是为了避免不合格品原有的预期用途而对其采取的措施。

若不合格品经确认无法进行返工和让步，或者虽可返工但返工费用过大、不经济，则应

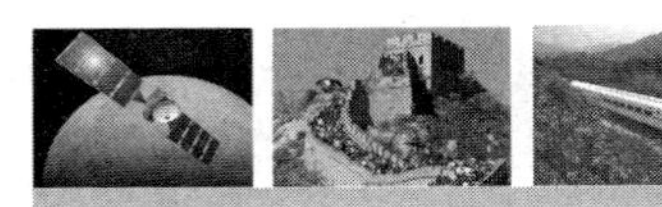

将其按废品处理。

3. 让步

让步是对使用或放行不符合规定要求的产品的许可。

让步是当产品不合格时，在产品不符合要求的项目和指标对产品的性能、寿命、安全性、可靠性、互换性及顾客对产品的正常使用均无实质性的影响，也不会使顾客提出申诉、索赔的情况下，对不合格品准予放行。让步实际上就是对一定数量不符合规定要求的材料、产品准予放行的书面认可。

无论不合格品被确定以何种处置方式进行处理，检验人员都应立即做出标识并及时将其分别隔离存放，以免发生混淆、误用、错装的情况。不合格品的三种处置方式之间的关系如图 3-4 所示。

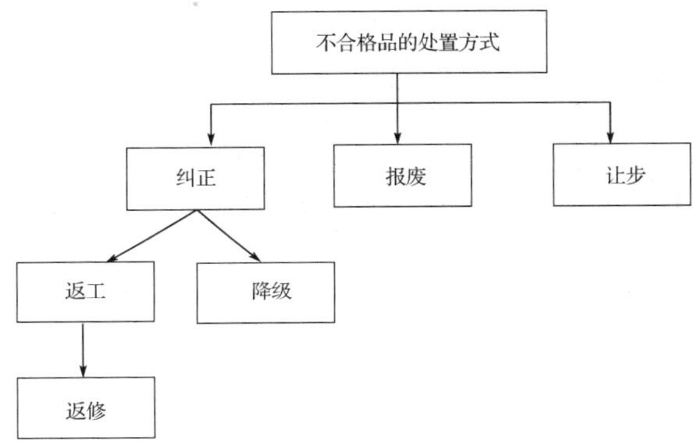

图 3-4　不合格品的三种处置方式之间的关系

在发现并确认了不合格品后，除要处置不合格品以外，检验人员还要采取纠正措施。纠正措施是指为消除已发现的造成不合格或其他不期望情况的原因所采取的措施。

> **小提示：**几种不合格品的处置措施的区别
>
> **1）返工与返修的区别**
>
> 返工可以通过对产品再加工或其他措施使不合格品完全符合规定要求，即成为合格品。
>
> 返修是在对产品采取补救措施后，产品仍不能完全符合质量要求、但能基本满足使用要求的情况下，将产品判为让步接收用品的做法。一般对不合格品的返修需要经过使用方同意。
>
> 若对产品进行返工或返修，则在产品返工或返修后相关人员应重新办理交检手续，产品经检验合格才可转序或入库，经检验仍不合格的产品按不合格品的控制程序重新处置。
>
> **2）纠正与纠正措施的区别**
>
> 纠正是对不合格品的一种处置方式，它的对象是不合格品。
>
> 纠正措施是指为消除已发现的造成不合格品的原因所采取的措施，它处置的对象是造成不合格的原因。一般情况下，纠正与纠正措施一起实施。
>
> **3）降级与让步的区别**
>
> 降级改变了产品原有的等级，关键是降低了其等级。
>
> 让步不包含等级的改变。

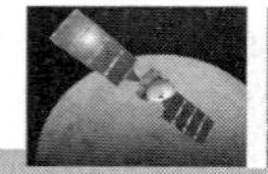

案例3-4 某电机厂生产空调用的小电机，其产品主要为空调制造厂的产品配套。一次，顾客投诉某款电机接触不良。质检部门的调查结果是，该批产品在出厂时进行的检验合格，顾客进行的检验也合格，并没有发现顾客投诉的接触不良。经进一步调查发现，在该批产品的组装过程中，其连接电容的引线阻碍相关配件的组装，组装工人在组装配件时需将该引线折向电容的一边，而组装另一配件时，又要将该引线折向另一边。经试验发现，该引线焊点在折弯两个来回时多数被折断，导致接触不良。为此，该电机厂做出了如下三项决定。

（1）对提供电容的分承包方提出修改电容结构及安装方位的要求，以避免电容引线对顾客的安装过程造成阻碍。

（2）追回顾客尚未使用的产品，对其和现有的库存品重新更换电容。

（3）组成一个由供销部、生产技术部、质检部的人员组成的小组，对现有的各款产品根据顾客提出的要求进行调查和评审，并根据调查和评审的结果修正相应的产品规范和检验规范等，以防止潜在不合格情况的发生。

第（1）项决定是纠正措施，因为它消除了引起电容引线折断的原因，并防止了同类不合格再次发生。第（2）项决定是纠正，因为它只是对已经产生的不合格品的一种处置。第（3）项决定是预防措施，因为它根据目前已经存在的不合格情况举一反三，通过对现有的各款产品进行一次有目的、有计划的调查，来防止潜在不合格的情况发生。

知识梳理与总结

本章主要介绍不合格与不合格品的定义、不合格严重性分级和不合格品的处置措施，学习者在学习过程中应注意以下三个方面。

（1）不合格与不合格品的定义及区别。

（2）不合格严重性分级的作用及原则。

（3）不合格品的处置方式。

学习检测3

扫一扫看本章习题答案

一、选择题

1. 不合格严重性分级，按四级不合格划分，A级的含义是（　　）。

A．不严重　　B．中等严重　　C．非常严重　　D．严重

2．ISO 9001:2015对不合格的定义为（　　）。

A．未满足要求　　B．未满足标准　　C．未满足技术要求　　D．废品

3. 不合格是偏离质量规定要求的表现。由于质量特性的重要程度和偏离规定要求的程度不同，所以（　　）就不同。

A．严重性分级　　B．对产品适用性的影响程度

C．对使用要求的影响　　D．不合格分级

4．通过不合格严重性分级，可对产品（　　）的不合格进行总体评价。

A．检验项目　　B．各项质量特性　　C．多项质量特性　　D．关键质量

5．产品不合格严重性分级表是某产品（　　）的具体化。

A．不合格严重性分级原则　　B．不合格严重性分级

C．使用要求　　D．影响程度

6．不合格严重性分级除考虑功能性质量特性外，还必须考虑（　　）等非功能性因素。

A．使用要求　　B．外观、包装　　C．经济性要求　　D．安全要求

7．不合格严重性分级是根据（　　）进行分级。

A．不合格情况对检验人员的素质和能力的要求的不同

B．不合格情况对作业过程能力的要求的高低不同

C．可能出现的质量特性不符合要求造成的财务损失的大小的不同

D．已出现的质量特性不符合要求对产品适用性的影响程度的不同

8．正确的不合格品的定义是（　　）。

A．经检查确认其质量特性不符合规定要求的产品

B．经检查仍需确认其质量特性是否符合规定要求的产品

C．经检验确认其质量特性不符合规定要求的产品

D．经检验尚未确认其质量特性的产品

9．关于如何对待不合格品经返工或返修后的检验问题，正确的做法是（　　）。

A．不合格品经返工后仍不合格，所以不需要重新进行检验

B．不合格品经返工后成了合格品，所以不需要重新进行检验

C．不合格品经返修后还是不合格品，所以不需要重新进行检验

D．不合格品经返工后不管是否合格都需要重新进行检验

10．对纠正措施的正确理解应是（　　）。

A．将不合格品返工使其成为合格品的措施

B．把不合格品降级使用的措施

C．为消除已发现的造成不合格的原因而采取的措施

D．为消除已发现的不合格品而采取的措施

11．为了识别和控制不符合质量特性要求的产品，以及规定不合格品的控制措施及与不合格品的处置有关的职责和权限，并防止不合格品的非预期的使用或交付的是（　　）。

A．不合格品　　B．检验程序　　C．质量审核　　D．不合格品的控制程序

12．为消除已发现的不合格所采取的措施是（　　）。

A．报废　　B．让步　　C．纠正　　D．预防

13．对产品不合格严重性分级表的正确理解是（　　）。

A．产品不合格严重性分级原则和产品不合格严重性分级表都是产品检验计划的构成文件

B．产品不合格严重性分级表是根据产品不合格严重性分级原则，针对具体产品可能出现的质量特性不合格对其严重性分级得到的结果

C．不合格品严重性分级表是该产品检验计划的组成部分

D．掌握和用好产品不合格严重性分级表不仅对提高检验工作的质量和效率、降低检验费

用有重要的意义，而且对设计产品形成过程、策划检验工作及编制有关检验文件（如检验指导书）也有直接的指导作用

E．产品不合格严重性分级原则可取代产品不合格严重性分级表

14. 不合格严重性分级的作用有（　　）。

A．明确检验控制重点　　B．便于综合评价产品质量

C．有利于抓住关键质量　　D．可以节约检验成本

E．有利于选择更好的验收抽样方案

15. 处理不合格品的方式有（　　）。

A．报废　　B．检验　　C．纠正　　D．让步

16. 隔离不合格品的主要措施有（　　）。

A．把不合格品码放整齐　　B．对不合格做出标识

C．设立专职人员看守　　D．设立隔离区或隔离箱

二、思考题

1. 发现不合格品怎么办？

第4章

质量检验相关文件

教学导航

扫一扫看本章教学课件

知识重点	（1）质量检验计划的内容及编制原则； （2）检验手册的内容；　（3）质量检验流程图的形式； （4）检验指导书的内容；　（5）编制检验指导书的要求
知识难点	（1）质量检验计划的内容及编制原则； （2）编制检验指导书的要求
推荐教学方式	讲授法和小组任务相结合，老师主要讲授检验计划、检验手册、检验指导书的内容和编制方法，以实际产品的检验指导书为例，使学生了解检验指导书的内容；学生以小组形式查阅资料，模拟完成某一产品的检验指导书编制
建议学时	4学时

4.1 质量检验计划

质量检验计划是对质量检验涉及的活动、过程和资源及相互关系做出的规范化的书面规定（文件），用以指导质量检验活动正确、有序、协调地进行。

质量检验计划是生产企业对整个检验和试验工作进行的系统策划和总体安排，它确定了在质量检验工作中何时、何地、何人（部门）做什么，以及如何进行技术和管理活动。质量检验计划一般以文字或图表形式明确地规定检验站（组）的设置和资源的配备（包括人员、设备、仪器、量具和检具），选择检验和试验的方式、方法并确定工作量。它是各检验站（组）和检验人员工作的依据，是产品生产者的质量管理体系中的质量计划的一个重要组成部分，并为质量检验工作的技术管理和作业指导提供依据。

4.1.1 质量检验计划的目的

产品生产过程的各个阶段，包括从原材料投入到产品完成，都要进行各种不同的复杂生产作业活动，同时还要进行各种不同的质量检验活动。这些质量检验活动是由分散在各生产组织的检验人员完成的。这些人员需要熟悉和掌握产品及其检验和试验工作的基本知识和要求，并掌握正确的检验操作。例如，产品和其组成部分的用途、质量特性、各质量特性对产品功能的影响，以及检验和试验的技术标准、检验和试验的项目、检验和试验的方式和方法、检验和试验的场地及测量误差等。为此，需要有若干文件作为载体来阐述这些信息和资料，这就需要编制质量检验计划来进行阐明，以指导检验人员完成质量检验工作，保证质量检验工作的质量。

现代工业的生产活动从原材料等物资的投入开始，到产品的最后交付结束，这是一个有序、复杂的过程，它涉及不同部门、不同作业工种、不同人员、不同过程（工序），以及不同的材料、物资、设备。这些部门、人员和过程都需要协同配合、有序衔接，同时，质量检验活动和生产作业过程也应密切协调、紧密衔接。所以，生产企业需要编制质量检验计划来保证生产过程中的各种配合衔接有序进行。

4.1.2 质量检验计划的作用

质量检验计划是带有规划性的对检验和试验活动的总体安排，它的主要作用如下。

（1）质量检验计划按照产品加工及物流的流程，充分利用生产企业现有的资源，统筹安排检验站（组）、点的设置。这可以降低质量成本中的鉴别费用，从而降低产品成本。

（2）质量检验计划根据产品和过程的作业（工艺）要求，合理地选择检验和试验的项目及方式、方法，对人员、设备、仪器仪表和量检具进行合理的配备使用。这有利于调动每个检验和试验人员的积极性，提高检验和试验的工作质量和效率，减少物质消耗和劳动消耗。

（3）质量检验计划对产品不合格的严重性进行分级，并对不合格情况实施管理，这能够充分发挥质量检验职能的有效性，并在保证产品质量的前提下降低产品制造成本。

（4）质量检验计划使检验和试验工作逐步实现规范化、科学化和标准化，使产品质量能够更好地处于受控状态。

4.1.3　质量检验计划的内容

质量检验部门根据生产作业组织的技术、生产、计划等部门的有关计划及产品的不同情况来编制质量检验计划，其基本内容如下。

（1）编制质量检验流程图，确定适合作业特点的检验程序。

（2）合理设置检验站（组）、检验点。

（3）编制产品及其组成部分（如主要零部件）的质量特性分析表，并制定产品不合格严重性分级表。

（4）对关键的和重要的产品组成部分（如零部件）编制检验指导书。

（5）编制检验手册。

（6）选择适宜的检验方式、方法。

（7）编制测量工具及仪器设备明细表，提出补充测量工具及仪器设备的计划。

（8）确定检验人员的组织形式、培训计划和资格认定方式，明确检验人员的岗位工作任务等。

> 小提示：质量检验计划中包含的主要文件
>
> 质量检验计划中包含的主要文件有质量检验流程图、质量特性分析表、产品不合格严重性分级表、检验手册及检验指导书。

4.1.4　质量检验计划的编制原则

质量检验计划是根据产品的复杂程度、形体大小、作业（工艺）方法、生产规模、特点、批量等方面的不同编制的。它可以由质量管理部门或质量检验的主管部门负责，由检验技术人员编制，也可以由质量检验部门会同其他部门共同编制。编制质量检验计划时应考虑以下原则。

（1）充分体现质量检验的目的。编制质量检验计划一是为了防止产生不合格并及时发现不合格品，二是为了保证通过质量检验的产品符合质量标准的要求。

（2）对质量检验活动能起到指导作用。质量检验计划必须对检验项目、检验方式和手段等具体内容进行清楚、准确、简明的叙述和要求，而且应能使质量检验活动的相关人员有与编制者相同的理解。

（3）应优先保证关键质量。所谓的关键质量是指产品的关键组成部分（如关键的零部件）的质量特性。对于这些质量环节，在编制质量检验计划时要优先考虑它们。

（4）综合考虑检验成本。在编制质量检验计划时要综合考虑检验成本，在保证产品质量的前提下，应尽可能降低检验费用。

（5）采购合同的附件或质量检验计划应详细说明进货检验及验证的场所、方式、方法、数量及要求，并经供需双方共同评审确认。

（6）质量检验计划应随着产品生产过程中产品的结构、性能、质量要求、过程方法的变

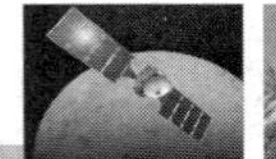

化做出相应的修改和调整，以适应生产作业过程的需要。

讨论思考：假设你是某手机充电器的生产企业的质量控制人员，现需要编制手机充电器的质量检验计划，你需要提前获取哪些信息？

案例 4-1 某企业的质量检验计划如表 4-1 所示。

表 4-1 某企业的质量检验计划

<table>
<tr><td colspan="2">文件名称</td><td colspan="2">质 量 检 验 计 划</td><td>页　码</td><td></td></tr>
<tr><td colspan="2">文件编号</td><td></td><td>修改/版次</td><td>生产日期</td><td></td></tr>
<tr><td colspan="2">编制部门</td><td></td><td>编　制</td><td>审　批</td><td></td></tr>
<tr><td colspan="6">质量检验计划</td></tr>
<tr><td>类别</td><td>检验项目</td><td>检验标准</td><td>检验方式</td><td colspan="2">检验时机</td></tr>
<tr><td>进货检验</td><td>详见进货检验项目</td><td>1. 检验标准详见进货检验标准；
2. 对于检验不合格的购进货物，均做退货处理，若生产急需，则可对其进行挑选</td><td>按照 GB/T 2828.1—2012 的正常检查一次抽样方案进行检验，检验水平为Ⅰ，AQL 的取值见标准</td><td colspan="2">原材料、外协件、外购件进仓之前</td></tr>
<tr><td>生产过程检验</td><td>详见生产过程检验项目</td><td>1. 检验标准详见生产过程检验标准；
2. 对于不符合要求的配件，均进行退换</td><td>首检
巡检
全检</td><td colspan="2">生产过程中</td></tr>
<tr><td>最终检验</td><td>详见最终检验项目</td><td>1. 检验标准详见最终检验标准；
2. 对于检验不合格的成品，应将其退回生产车间，经返工后重检，直到其合格为止</td><td>按照 GB/T 2828.1—2012 的正常检查一次抽样方案进行检验，特殊检验水平为 S-3，AQL 的取值见标准（电气性能测试不允许不合格）</td><td colspan="2">成品包装之后</td></tr>
</table>

4.2 质量检验流程图

扫一扫看作业流程图案例

4.2.1 质量检验流程图基础

扫一扫看工艺流程图案例

和产品生产过程有关的流程图有作业流程图（工艺流程图）和质量检验流程图。

质量检验流程图是用图形、符号简洁明了地表示质量检验计划中已确定的特定产品的检验流程（路线）、检验工序、位置设置和选定的检验方式、方法及相互顺序的图样。它是检验人员进行质量检验活动的依据。质量检验流程图和检验指导书等一起构成完整的质量检验技术文件。

较为简单的检验操作可以直接采用作业流程图。制图人员可以在图中需要进行质量控制和检验的部位、处所连接表示检验的图形和文字，必要时标明检验的具体内容、方法，使作业流程图起到质量检验流程图的作用和效果。

对于比较复杂的检验操作，单靠作业流程图往往不够，还需要在作业流程图的基础上编制质量检验流程图，以明确质量检验的要求和内容及其与各过程之间的清晰准确的衔接关系。

对于不同的行业、不同的生产者、不同的产品，质量检验流程图会有不同的形式和表示方法，不会千篇一律。但是一个生产组织内部的流程图的表达方式和图形符号要规范、统一，以便相关人员能准确理解它的内容并执行图中的操作。

案例 4-2　汽车整车质量检验流程图如图 4-1 所示。

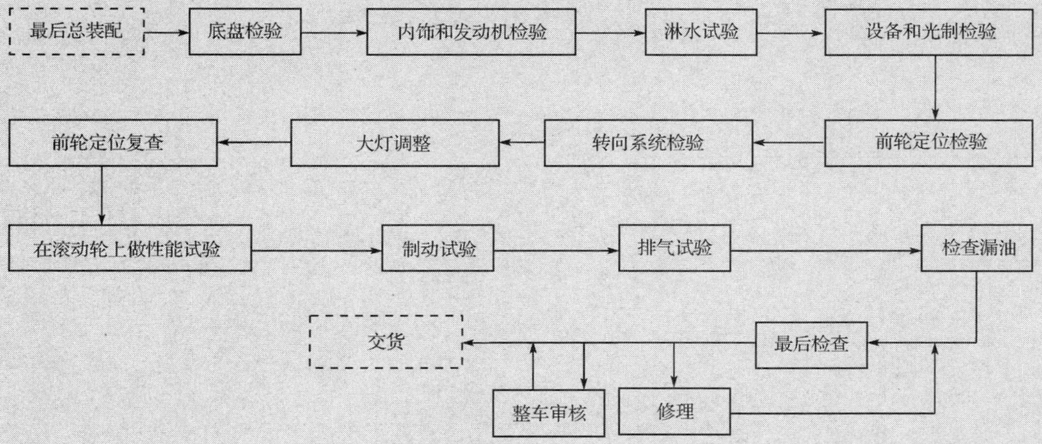

最后总装配
底盘检验
内饰和发动机检验
淋水试验
设备和光制检验
前轮定位检验
转向系统检验
大灯调整
前轮定位复查
在滚动轮上做性能试验
制动试验
排气试验
检查漏油
最后检查
修理
整车审核
交货

图 4-1　汽车整车质量检验流程图

请写出你身边某熟悉产品的质量检验流程图。

作业流程图是用简明的图形、符号及文字组合的形式来表示作业全过程中的各过程输入、输出和过程形成要素之间的关联和顺序的图样。

作业流程图包括从产品的原材料、产品组成部分和作业所需的其他物料投入开始，到最终产品完成的全过程的所有备料、制作（工艺反应）、搬运、包装、防护、存储等作业的程序，它的内容还包括每一过程涉及的劳动组织（车间、工段、班组）或场地，并用规范的图形和文字予以表示，以便相关人员对作业进行组织和管理。

作业流程图在我国机电行业中习惯上被称为工艺流程（路线）。它根据设计文件，将工艺流程的名称和实现的方式、方法表示为具体的流程顺序、工艺步骤和加工制作的方法、要求。

案例 4-3　某企业产品作业流程图如表 4-2 所示。

表 4-2　某企业产品作业流程图

××××××××××有限公司					
文件名称			作业流程图		
文件编号		标题	OQC 检验流程		
版次		发放日期		编制单位	
作业流程				权责单位	记录表单
送检				生产部	《送验单》
按照GB/T 2828.1—2012/ISO 2859-1:1999随机抽样				品质部	
外观检查　性能检查　包装检查				品质部	《出厂检验记录》
根据AQL判定填单；N：不合格品管制程序、矫正预防管制程序；Y				品质部 生产部	《不合格品通知单》
盖合格章并签字				品质部	
产品入库　记录检验结果、整理图片并更新进程表				品质部	《出厂检验记录》

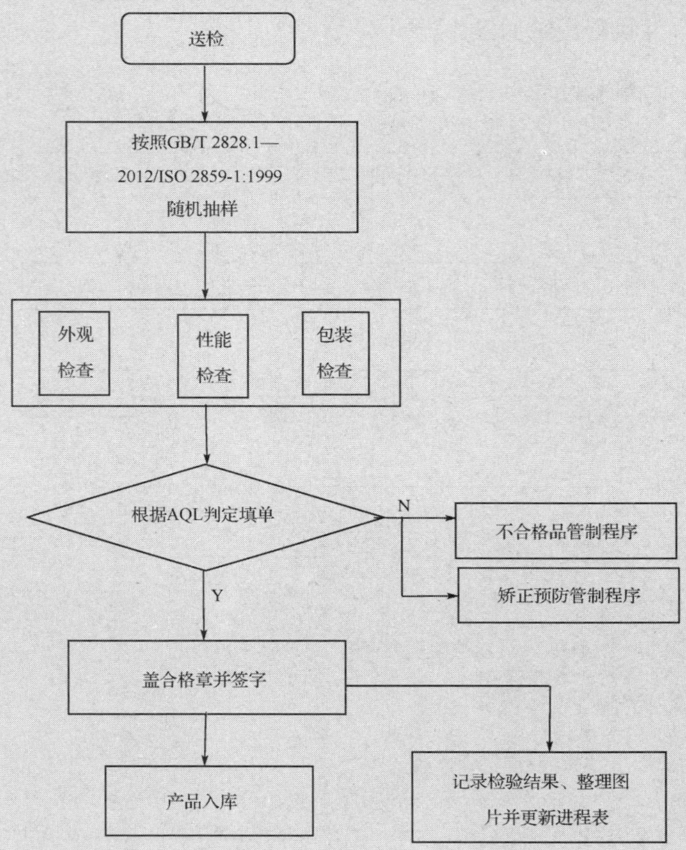

小提示：质量检验流程图与作业流程图的关系

质量检验流程图的基础和依据是作业流程图（工艺流程图）。

4.2.2　质量检验流程图的编制过程

首先，要熟悉和了解有关的产品技术标准及设计技术文件、图样和质量特性分析。

其次，要熟悉产品生产过程中的作业（工艺）文件，了解产品作业（工艺）流程（路线）。

再次，根据作业（工艺）流程（路线）、作业规范（工艺规程）等作业（工艺）文件，设

计检验工序的检验点位置，确定检验工序和作业工序的衔接点及主要的检验方式、方法、内容，绘制质量检验流程图。

最后，对编制的质量检验流程图进行评审。由产品设计人员、工艺检验人员、作业管理人员、过程作业人员一起评审质量检验流程图的合理性、适用性、经济性，提出改进意见，进行修改。质量检验流程图最后经生产组织的技术领导人或质量的最高管理者（如总工程师、质量保证经理）批准才能被使用。

4.3　检验手册和检验指导书（检验规程）

4.3.1　检验手册

检验手册是质量检验活动的管理规定和技术规范的文件集合。它是质量检验工作的指导文件，是质量体系文件的组成部分，是质量检验人员和质量管理人员的工作指南。检验手册对加强生产企业的质量检验工作，以及使质量检验的业务活动标准化、规范化和科学化都具有重要意义。

检验手册基本由程序性文件和技术性文件组成。检验手册的具体内容如图 4-2 所示。

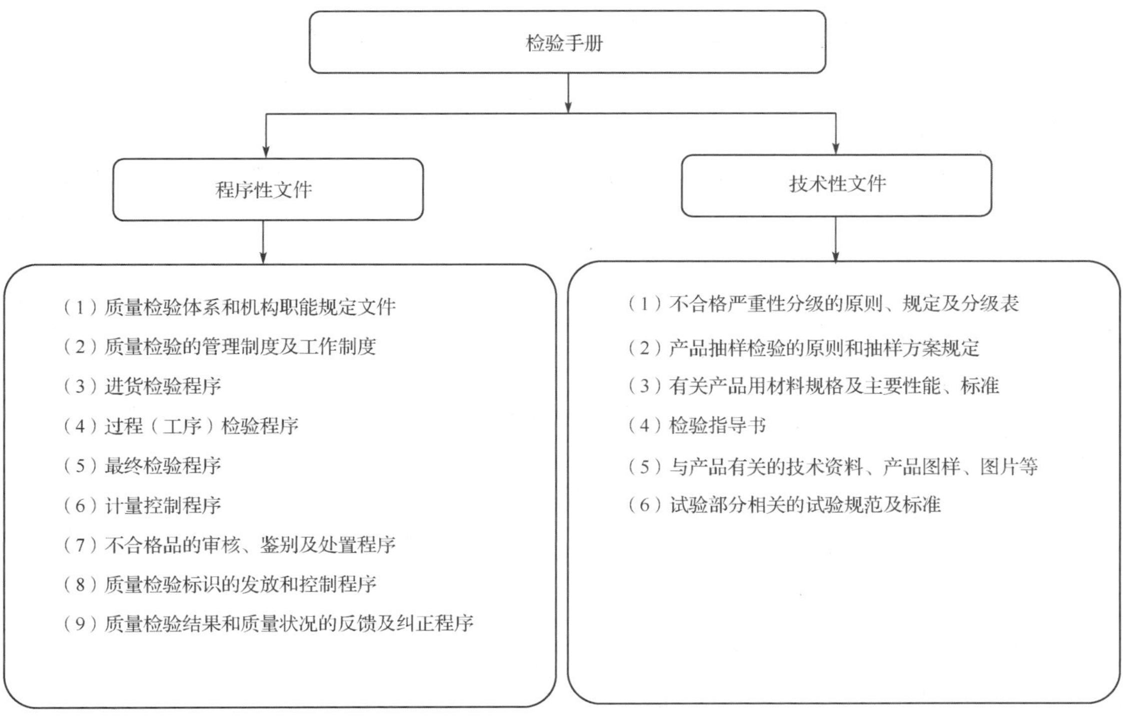

图 4-2　检验手册的具体内容

请谈谈自己对检验手册的体会。

扫一扫看检验手册案例

小提示：检验手册的授权

检验手册首先要说明质量检验工作的宗旨及其合法性、目的性，并经授权的负责人批准签字后生效。

编制检验手册是质量检验部门的工作。检验手册由熟悉产品质量检验和检测技术的人员编写，之后相关人员按规定程序对其批准实施。

4.3.2 检验指导书（检验规程）

检验指导书又称检验规程或检验卡片，是产品生产过程中用于指导检验人员正确实施产品和工序的观察、测量、试验的技术文件。它是质量检验计划的一个重要组成部分，其目的是为重要零部件和关键工序的质量检验活动提供具体操作指导。它是质量体系文件中的一种作业指导性文件，又可作为检验手册中的技术性文件。其特点是表述明确，可操作性强；其作用是使检验操作达到统一、规范。

小提示：检验指导书的类型

由于生产过程中的工序和作业的特点、性质不同，检验指导书的形式、内容也不相同。其类型一般有进货检验指导书、过程（工序）检验指导书和最终检验指导书。

1. 编制检验指导书的要求

一般对关键和重要的零件都应编制检验指导书，检验指导书应明确详细地规定需要检验的质量特性及其技术要求，以及检验方法、检验基准、检验量具、样本大小等内容，并清楚地展示检验示意图。因此，编制检验指导书的主要要求如下。

（1）将所有质量特性逐一列出，不可遗漏。对质量特性的技术要求的规定要明确、具体，使操作人员和检验人员容易掌握和理解。此外，检验指导书还可能包括不合格的严重性分级、尺寸公差、检测顺序、检测频率、样本大小等内容。

（2）应根据对质量特性和不同精度等级的要求，合理选择适用的测量工具或仪表，并在检验指导书中说明它们的型号、规格和编号及其使用方法。

（3）采用抽样检验时，应正确选择抽样方案并对其说明。根据具体情况及不合格严重性分级确定 AQL 的值，正确选择检验水平，根据产品抽样检验的目的、性质、特点选用适当的抽样方案。

小提示：检验指导书的作用

检验指导书的主要作用是使检验人员按检验指导书规定的内容、方法和程序进行检验，保证质量检验工作的质量，有效地防止错检、漏检等情况发生。

2. 检验指导书的内容

（1）检测对象：受检产品的名称、型号、图号、工序（流程）名称及编号。

（2）质量特性值：根据产品质量要求转化成的技术要求做出的对检验项目的规定。

（3）检验方法：对检测基准（或基面）、检验的程序和方法、相关计算（换算）的方法、检测频次，以及抽样检验时的有关规定和数值的规定。

（4）检测手段：在检测中使用的计量器具、仪器、仪表及设备、工装卡具的名称和编号。

（5）检验判断：对处理数据、判断比较的方法及判断的原则的规定。

（6）记录和报告：对记录的事项、方法和表格的规定，以及对报告的内容与方式、程序与时间的规定；

（7）其他说明：检验指导书的格式应根据企业的不同生产类型、不同工种等具体情况进行设计。

案例 4-4　某企业电热水壶的检验指导书如表 4-3 所示。

表 4-3　电热水壶的检验指导书

<table>
<tr><td colspan="3" rowspan="2">电热水壶的检验指导书</td><td colspan="2">文件编号：</td></tr>
<tr><td colspan="2">版本号：×××××</td></tr>
<tr><td colspan="5">1. 适用范围：
本检验指导书适用于×××××有限公司生产的电热水壶的最终检验
2. 检验环境：
一般在常温（20℃±5℃）环境下进行</td></tr>
<tr><td colspan="2">名称</td><td colspan="3">电热水壶</td></tr>
<tr><td colspan="2">型号规格</td><td colspan="3">见产品铭牌标识</td></tr>
<tr><td colspan="2">额定电压/频率</td><td colspan="3">220V～/50Hz</td></tr>
<tr><td colspan="2">额定功率</td><td colspan="3">见产品铭牌标识</td></tr>
<tr><td colspan="2">加热方式</td><td colspan="3">分电热管及电热盘</td></tr>
<tr><td colspan="2">额定容量</td><td colspan="3">见产品铭牌标识</td></tr>
<tr><td colspan="2">功能特点</td><td colspan="3">蒸汽感应跳制及干烧保护</td></tr>
<tr><td colspan="2">重　量</td><td colspan="3">见产品包装箱标识</td></tr>
<tr><td colspan="2">外形尺寸</td><td colspan="3">见产品包装箱标识</td></tr>
<tr><td colspan="2">附属品</td><td colspan="3">见产品包装要求（但至少应具有产品使用说明书、产品保修证书）</td></tr>
<tr><td colspan="5">2. 检验项目及标准</td></tr>
<tr><td>检验项目</td><td colspan="2">合格标准</td><td>质量特性</td><td>检验方法</td></tr>
<tr><td colspan="5">2.1 额定值</td></tr>
<tr><td>额定值</td><td colspan="2">应为单相交流电 220V～/50Hz，并能通过检查标识来确定</td><td>B类</td><td>目视</td></tr>
<tr><td>电压波动特性</td><td colspan="2">在 220V±10%的电压下工作不得妨碍实际使用</td><td>B类</td><td>分别在 198V 和 242V 电压下进行煮水试验</td></tr>
<tr><td colspan="5">2.2 标识</td></tr>
</table>

续表

<table>
<tr><td rowspan="2" colspan="2">小包装箱、大包装箱、说明书、合格证、铭牌、警语牌、生产日期、编号、电源线组件、温控器、开关按钮、壶身等</td><td>通过目视检查判断各种标识内容是否正确，与零部件图样是否相符，有无错漏，以及标识内容是否清晰</td><td>B类</td><td rowspan="2">每批 4 台，Ac/Re=0/1</td></tr>
<tr><td>壶身移印内容应清晰，用 3M600 胶带粘贴，并进行三次撕拉，内容应无脱落；用蘸了酒精的棉布轻擦丝印内容 15s 后，目视检查标识内容是否会模糊不清导致无法辨认</td><td>B类</td></tr>
<tr><td colspan="5">2.3 输入功率</td></tr>
<tr><td colspan="2">额定电压下</td><td>输入功率符合(−10%,+5%)</td><td>B类</td><td>功率测试仪、调压器</td></tr>
<tr><td colspan="5">2.4 工作温度下的绝缘电阻、电气强度和泄漏电流</td></tr>
<tr><td rowspan="4">热态工作温度下</td><td>绝缘电阻</td><td>≥2MΩ（DC 500V）。</td><td rowspan="4">A类</td><td rowspan="4">耐压测试仪、泄漏电流测试仪</td></tr>
<tr><td rowspan="2">电气强度</td><td>L/N-E：1000V-1min（0.5mA）应能通过</td></tr>
<tr><td>L/N-外壳 3750V-1min（0.5mA）应能通过</td></tr>
<tr><td>泄漏电流</td><td>额定电压的 1.06 倍下≤0.75mA</td></tr>
<tr><td colspan="5">2.5 绝缘电阻、电气强度和泄漏电流（冷态）</td></tr>
<tr><td colspan="2">绝缘电阻</td><td>≥5MΩ（DC 500V）</td><td rowspan="4">A类</td><td rowspan="4">耐压测试仪、泄漏电流测试仪</td></tr>
<tr><td colspan="2" rowspan="2">电气强度</td><td>L/N-E：1250V-1min（0.5mA）应能通过</td></tr>
<tr><td>L/N-外壳 3750V-1min（0.5mA）应能通过</td></tr>
<tr><td colspan="2">泄漏电流</td><td>额定电压的 1.06 倍下≤0.75mA</td></tr>
<tr><td colspan="5">2.6 装配</td></tr>
<tr><td colspan="2" rowspan="9">装配</td><td>通过目视检查及用耳听晃动成品的声音，判断是否有异物混入</td><td>B 类</td><td rowspan="9">目视检查</td></tr>
<tr><td>手动检查壶盖扣合按钮，观察其是否动作顺畅</td><td>C 类</td></tr>
<tr><td>手动检查壶身与上盖配合是否良好，以及有无明显松动</td><td>C 类</td></tr>
<tr><td>通过目视检查和手动方法检查各类端子的使用和连接方式是否正确，以及端子铆接是否牢靠、接插是否到位</td><td>B 类</td></tr>
<tr><td>通过目视检查和手动方法检查各类导线的绝缘层是否有伤痕、破损，以及活动导线时是否会触及可动部分或损伤绝缘层</td><td>B 类</td></tr>
<tr><td>通过目视检查和手动方法检查温控器与发热管座的安装配合是否良好、有无明显的松动现象</td><td>B 类</td></tr>
<tr><td>手动检查开关按钮，观察操作动作是否顺畅、手感良好</td><td>C 类</td></tr>
<tr><td>手动检查壶身与底座配合是否良好，以及壶身转动是否顺畅</td><td>B 类</td></tr>
<tr><td>检查散热硅脂涂敷是否良好</td><td>B 类</td></tr>
</table>

续表

装配		通气口应无堵塞、断裂现象					B类		
标记	处数	更改文件号	签名	日期	标记	处数	更改文件号	签名	日期

知识梳理与总结

本章主要介绍质量检验中的部分相关文件，学习者在学习过程中应注意以下四个方面。

（1）质量检验计划应该包含的内容及编制的原则。

（2）质量检验流程图与作业流程图的区别与联系。

（3）检验手册包含的两种类型的文件。

（4）检验指导书的内容。

学习检测 4

扫一扫看本章习题答案

一、选择题

1．质量检验计划是对质量检验涉及的活动、过程和资源及相互关系做出的（　　）的书面规定，用以指导检验活动正确、有序、协调地进行。

A．总结性　　B．规范化　　C．一体化　　D．明确

2．编制质量检验计划的目的是指导检验人员完成质量检验工作，保证质量检验工作的（　　）。

A．顺利进行　　B．条理性　　C．快速性　　D．质量

3．质量检验流程图是用图形、符号简洁明了地表示质量检验计划中确定的（　　）的检验流程（路线）、检验工序、位置设置和选定的检验方式、方法及相互顺序的图样。

A．特定产品　　B．一般产品　　C．个别产品　　D．所有产品

4．对质量检验流程图叙述错误的是（　　）。

A．和产品生产过程有关的流程图有作业流程图和质量检验流程图，而作业流程图的基础和依据是质量检验流程图

B．作业流程图是用简明的图形、符号及文字组合的形式来表示作业全过程中的各过程输入、输出和过程形成要素之间的关联和顺序的图样

C．较为简单的产品可以直接采用作业流程图，并在图中需要控制和检验的部位、处所连接表示检验的图形和文字，必要时标明检验的具体内容、方法，这同样能起到质量检验流程图的作用和效果

D．由于行业不同、生产者不同、产品不同，质量检验流程图的形式和表示方法也会不同，不会千篇一律

5．检验指导书是具体规定检验（　　）的技术性文件。

A．质量问题　　B．操作要求

C．操作工序　　D．性能要求

6．质量检验计划的作用有（　　）。

A．降低成本

B．降低物质和劳动消耗

C．发挥质量检验职能的有效性

D．使检验和试验工作逐步实现规范化、科学化和标准化

E．提高员工积极性

7．质量检验计划的基本内容有（　　）。

A．编制检验网络图、确定适合作业特点的检验程序

B．合理设置检验站（组）、检验点

C．编制产品及其组成部分的质量特性分析表

D．编制检验手册

E．评价检验效益

8．编制质量检验计划的原则有（　　）。

A．人员分配　　B．检验目的

C．对检验活动能起到指导作用　　D．检验成本可不考虑

E．应优先保证关键质量

9．质量检验流程图的编制过程是（　　）。

A．熟悉和了解有关的产品技术标准及设计技术文件、图样和质量特性分析

B．熟悉产品生产过程中的作业文件，了解产品作业流程

C．设计检验工序的检验点

D．确定检验工序的衔接点及主要的检验方式、方法、内容，并绘制质量检验流程图

E．最后对编制的质量检验流程图进行保管

10．检验手册是质量检验活动的（　　）的文件集合。

A．管理规定　　B．方案规定

C．标准设计　　D．行动准则

E．技术规范

11．检验手册基本上由（　　）文件组成。

A．科学性　　B．高效性

C．明确性　　D．程序性

E．技术性

12．检验手册的内容有（　　）。

A．质量检验的管理制度和工作制度

B．进货检验程序

C．与质量检验有关的原始记录表格格式、样张及必要的文字说明

D．抽样检验的原则和抽样方案的规定

E．质量检验结果和质量状况的反馈及纠正程序

13．检验指导书的作用有（　　）。

A．提供具体操作指导　　B．提供技术指导

C．提供管理指导　　D．提供价格指导

E．使检验操作达到统一、规范

14．对编制检验指导书的要求是（　　）。

A．将该过程的作业控制的主要特征列出，次要特性不必列出

B．应根据对质量特性和不同精度等级的要求，合理选择适用的测量工具或仪表

C．对质量特性的技术要求应表述明确、具体，用语应规范

D．采用抽样检验时，正确选择抽样方案并对其说明

E．选择适宜的工作环境

15．检验指导书的内容有（　　）。

A．检测目的、方针　　B．检测对象

C．检测方法、手段　　D．检验判定

E．记录和报告及其他说明

16．对检验手册和检验指导书的说法正确的是（　　）。

A．检验手册基本由程序性文件和完整性文件组成

B．检验手册的内容包含进货检验程序

C．检验手册包含最终检验程序，不包含对不合格品的审核和鉴别程序

D．检验指导书是具体规定检验操作要求的技术性文件

E．一般对关键和重要的产品组成部分及产品的检验和试验都应编制检验指导书

17．质量检验计划的总体安排包括（　　）。

A．编制质量检验流程图　　B．设置检验站（组）

C．确定检验的方式、方法和手段　　D．确定检验项目　　E．确定检验数量

18．关于产品生产过程的流程图有作业流程图（工艺流程图）和质量检验流程图，下列说法错误的是（　　）。

A．质量检验流程图和检验指导书等一起构成完整的质量检验技术文件

B．作业流程图的内容不包括每个过程涉及的劳动组织（车间、工段、班组）或场地

C．检验流程图是检验人员进行质量检验活动的依据

D．作业流程图在我国机电行业习惯上被称为工艺流程（路线）

19．产品检验手册的技术性文件可以是（　　）。

A．产品抽样检验的原则和抽样方案规定

B．有关产品的材料规格及主要性能、标准

C．检验指导书

D．与产品有关的技术资料及产品图样、图片等

E．检验人员的作业班次

第5章 抽样检验及标准

教学导航

扫一扫看本章教学课件1

知识重点	（1）抽样检验中的名词术语； （2）计数调整型抽样标准 GB/T 2828.1—2012 的使用程序； （3）抽样检验的转移规则； （4）抽样方案的评价； （5）样本的抽取方法
知识难点	（1）抽样检验的转移规则； （2）抽样方案的评价
推荐教学方式	讲授法和案例教学法相结合，本部分内容在教学时需要结合具体案例，以帮助学生理解抽样检验中 AQL 的含义、转移规则、抽样检验方案的评价，并使学生掌握 GB/T 2828.1—2012 的应用及样本的抽取方法
建议学时	8 学时

5.1　抽样检验的特点与应用场合

抽样检验是按照规定的抽样方案，随机地从一批产品或一个过程中抽取少量个体（作为样本）进行检验，并根据样本的检验结果判定一批产品或一个过程是否可以被接收。

1. 抽样检验的特点

抽样检验的特点如下。

（1）检验对象是一批产品。

（2）根据检验结果并应用统计原理，判断是否接收整批产品。

（3）经检验接收的产品批中仍可能包含不合格品，不接收的产品批中当然也可能包含合格品。

（4）抽样检验是利用样本进行的检验，所抽取的样本只占产品批中的一小部分，样本的质量特性结果只能相对地反映整批产品的质量，不能把样本的不合格率与整批产品的不合格率等同起来。

2. 抽样检验的应用场合

（1）破坏性检验，如产品的寿命试验等可靠性试验、材料的疲劳试验、零件的强度检验等。

（2）对批量很大、全数检验的工作量很大的产品的检验，如对螺钉、销钉、垫圈、电阻的检验等。

（3）测量对象是散装或流程性材料，如对煤炭、矿石、水泥、钢水、整卷钢板的检验等。

（4）其他不适合使用全数检验或全数检验不经济的场合。

讨论思考：根据抽样检验的特点，下列哪些情况适合采用抽样检验的方法？

（1）某电子厂生产电子元器件，现需要对批量生产的电阻阻值的准确性进行检验。

（2）某电器生产厂要检查冰柜的制冷效果。

（3）某灯泡生产企业要检查灯泡是否闪光。

（4）某汽车生产企业进行出厂检验，要检查汽车的刹车性能。

你还能再举一些适合使用抽样检验的情况吗？

5.2　抽样检验的分类

目前，抽样检验已经有很多不同的体系和方案，从不同角度对它的分类如表 5-1 所示。

表 5-1　从不同角度对抽样检验的分类

<table>
<tr><td rowspan="3">按受检产品的质量特性分类</td><td rowspan="2">计数型抽样检验</td><td>计件型抽样检验</td><td>将样本中不合格品的数量作为是否接收该批产品的判定依据</td></tr>
<tr><td>计点型抽样检验</td><td>将样本中不合格的数量作为是否接收该批产品的判定依据</td></tr>
<tr><td>计量型抽样检验</td><td colspan="2">将样本的均值或标准差作为是否接收该批产品的判定依据</td></tr>
<tr><td rowspan="4">按抽样次数分类</td><td>一次抽样检验</td><td colspan="2">只抽取一个样本，经检验后对是否接收该批产品做出判断</td></tr>
<tr><td>二次抽样检验</td><td colspan="2">最多抽取两个样本，经检验后对是否接收该批产品做出判断</td></tr>
<tr><td>多次抽样检验</td><td colspan="2">最多抽取 n 个样本，经检验后对是否接收该批产品做出判断</td></tr>
<tr><td>序贯抽样检验</td><td colspan="2">不限制抽样次数，但每次只抽取一个样本</td></tr>
<tr><td rowspan="2">按是否调整抽样方案分类</td><td>调整型抽样检验</td><td colspan="2">有一套检验严格程度的转移规则，可以随时调整抽样方案</td></tr>
<tr><td>非调整型抽样检验</td><td colspan="2">只有一套抽样方案，没有转移规则</td></tr>
</table>

1. 按受检产品的质量特性分类

产品的质量特性通常包含性能、寿命、可靠性、安全性和经济性。按其测量特性可将质量特性分为计量指标和计数指标两类。

计量指标为产品的外观尺寸、寿命、化学成分、重量、强度、电阻的阻值等定量数据指标。

计数指标又可分为计件指标和计点指标两种。计件指标以不合格品的件数来衡量，计点指标以产品中的缺陷数来衡量。

例如，检查 $1m^2$ 的布料上的外观瑕疵点数、一个铸件上的气泡和砂眼个数可以采用计点型的检验方法。

案例 5-1　在对手机充电器做外观检查时，其检查项目有丝印、标识、开裂、指示灯等，经检查发现，其中一个充电器有标识不清、指示灯不亮两种缺陷，若以计件指标来衡量，则该充电器为一件不合格品，若以计点指标来衡量，则它有两处不合格。

（1）计量型抽样检验——从批量产品中抽取一定数量的样品（样本），对样本中每个产品的规定要检测的质量特性采用相应的仪器设备进行测量，计算样本的均值或方差，然后与规定的标准值或技术要求进行比较，以判定该批产品是否合格。

（2）计数型抽样检验——从批量产品中抽取一定数量的样品（样本），对样本中每个产品的规定要检测的质量特性进行检验，然后与规定的标准值或技术要求进行比较，确定其合格或不合格，最后统计样本中的不合格品数，与事先规定的合格判定数比较，判定该批产品是否合格。

小提示：计数型抽样检验和计量型抽样检验可混合运用

有时可以混合运用计数型抽样检验和计量型抽样检验。例如，选择产品的某一个质量参数或较少的质量参数，对其进行计量型抽样检验，对其余多数质量参数进行计数型抽样检验，以减少计算量、获取所需质量信息。

2. 按抽样次数分类

抽样检验按抽样次数可分为一次抽样检验、二次抽样检验、多次抽样检验和序贯抽样检验。

（1）一次抽样检验——该检验方法最简单，它只需要检验一个样本就可以判断一批产品是否合格。

（2）二次抽样检验——先抽取第一个样本进行检验，若能据此做出该批产品是否合格的判断，则检验终止。若不能做出判断，就再抽取第二个样本，再次检验后做出该批产品是否合格的判断。

（3）多次抽样检验——其原理与二次抽样检验一样，每次抽取的样本大小相同，即 $n_1=n_2=n_3=\cdots=n_7$，但抽样次数越多，合格判定数和不合格判定数也越多。ISO 2859 提供了七次抽样方案，而我国的 GB/T 2828、GB/T 2829 提供了五次抽样方案。

（4）序贯抽样检验——它是多次抽样检验的极限，每次仅随机抽取一个单位产品进行检验，检验后按判定规则做出产品合格、产品不合格或再抽取下一个单位产品的判断，一旦做出该批产品合格或不合格的判断，就终止检验。

3. 按是否调整抽样方案分类

抽样检验可以分为调整型抽样检验与非调整型抽样检验两大类。

（1）调整型抽样检验是由几个不同的抽样方案与转移规则一起组成的一个完整的抽样检验体系。它根据各批产品的质量变化情况，按转移规则更换抽样方案，即正常检验、加严检验或放宽检验。ISO 2859、ISO 3951 和 GB 2828 中的方案都属于这种类型的抽样方案。调整型抽样检验适用于各批质量有联系的连续批产品的质量检验。

（2）非调整型抽样检验的单个抽样方案不考虑产品批的质量历史，其使用过程中也没有转移规则，因此，它比较容易被检验人员掌握，但只适用于孤立批的质量检验。

小提示：抽样检验的共同特点

无论哪种抽样检验，它们都具有以下三个共同的特点。

（1）产品必须以“批”的形式出现。

（2）批合格不等于批中每个产品都合格，批不合格也不等于批中每个产品都不合格。抽样检验只是保证产品整体的质量，而不是保证每个产品的质量。

（3）样本的不合格品率不等于提交批的不合格品率。

5.3 抽样检验中的名词术语

1. 单位产品

单位产品是为实施抽样检验而划分的基本产品单位。除一般的理解外，它在抽样标准中的定义为可单独描述和考察的事物。例如，一个有形的实体，如一个零件、一台机床；一定量的材料，如一千克小麦、一米光纤等；一项服务、一次活动或一个过程；一个组织或个人及上述项目的任何组合。

但是有些产品的划分不明确，比如对于布匹、电缆、液体这样的连续性产品，人们很难将它们自然划分为单位产品。根据抽检要求的不同，可以将一米布匹、一米电缆、一升水等作为单位产品。

2. 检验批

检验批是提交检验的一批产品，也是作为检验对象而汇集起来的一批产品。

通常检验批应由同型号、同等级和同种类（尺寸、特性、成分等），并且生产条件和生产时间基本相同的单位产品组成。

由于生产方式或组批方式不同，检验批分为孤立批和连续批。

孤立批是指脱离已生产或汇集的批系列，不属于当前检验批系列的批；连续批是指待检批的检验可利用最近已检批的质量信息的连续提交检验批。

> 小提示：检验批应尽可能符合一致性要求
>
> （1）原材料、零部件或组装件的质量特征相同或基本相同。
>
> （2）生产线/装配线、工艺设置、设备条件、工艺规范、生产人员及其他方面的情况相同或基本相同。
>
> （3）生产时间相近或批内产品的生产处于连续状态，或者批内产品均符合预订需求。
>
> （4）当生产批内的产品质量一致性不好时，将生产批拆成质量一致性较好的小批作为检验批。

3. 批量

批量为检验批中单位产品的数量，常用 N 来表示。

4. 样本

样本指从一批产品中抽取的单位产品的集合。

5. 样本量

样本量即样本大小，指样本中包含的单位产品数，一般用 n 表示。

6. 不合格

在抽样检验中，不合格是指单位产品的任何一个不满足规范要求的质量特性。通常根据不合格的严重程度对它们进行分类，具体如下。

A 类不合格：最被关注的一种不合格。

B 类不合格：关注程度比 A 类不合格稍低的一种类型的不合格。

C 类不合格：关注程度低于 A 类不合格和 B 类不合格的一类不合格。

扫一扫看不合格与不合格品分级微课视频

7. 不合格品

具有一个或一个以上的不合格的单位产品，称为不合格品。根据不合格的分类，也可对不合格品进行分类，具体如下。

A 类不合格品：有一个或一个以上 A 类不合格，同时还可能包含 B 类不合格和（或）C 类不合格的产品。

B 类不合格品：有一个或一个以上 B 类不合格，也可能有 C 类不合格，但没有 A 类不合格的产品。

C 类不合格品：有一个或一个以上 C 类不合格，但没有 A 类不合格、B 类不合格的产品。

讨论思考：某车间从生产线上随机抽取 1000 个产品进行检验，发现 5 个产品有 A 类不合格，4 个产品有 B 类不合格，2 个产品既有 A 类不合格又有 B 类不合格，3 个产品既有 B 类不合格又有 C 类不合格，5 个产品有 C 类不合格，则该批产品中的各类不合格数和不合格品数各为多少？

注意：不合格数与不合格品数有区别。

扫一扫看批质量与过程平均微课视频

8. 批质量

批质量指单个检验批的质量，通常用 P 表示。由于质量特性的属性不同，所以批质量的表示方法也不一样。

在计数型抽样检验中衡量批质量的方法如下。

（1）批不合格品率 p 是通过用批的不合格品数 D 除以批量 N 求得的，即

$$p=\frac{D}{N} \tag{5-1}$$

（2）批不合格品百分数是通过用批的不合格品数 D 除以批量 N、再乘以 100 求得的，即

$$100p=\frac{D}{N}\times 100 \tag{5-2}$$

这两种表示方法常用于计件型抽样检验。

（3）批每百单位产品不合格数是通过用批的不合格数 C 除以批量 N、再乘以 100 求得的，即

$$\frac{C}{N}\times 100 \tag{5-3}$$

这种表示方法常用于计点型抽样检验。

案例 5-2 一批零件批量为 N=10000，已知其中包含的不合格品数为 D=20，则

$$批不合格品率\ p=\frac{D}{N}=\frac{20}{10000}=0.002=2‰$$

即批不合格品率为 2‰。将此数乘以 100，得 0.2，故批不合格品百分数为 0.2。

讨论思考： 检验一批产品的外观质量，批量 N=2000，其中，有 10 件每件各有 2 处（个）不合格，有 5 件每件各有 1 处（个）不合格，则批每百单位产品不合格数为多少？

9．过程平均

过程平均是指在规定的时段或生产量内平均的过程质量水平，即一系列初次交检批的平均质量。其表示方法与批质量的表示方法相同，但意义有所不同，过程平均表示的是在稳定的加工过程中一系列批的平均不合格品率，而不是某个交检批的质量。

假设有 k 批产品，其批量分别为 $N_1, N_2, \cdots, N_k$，经检验，其不合格品数分别为 $D_1, D_2, \cdots, D_k$，则过程平均为不合格品百分数，即

$$\frac{D_1+D_2+\cdots+D_k}{N_1+N_2+\cdots+N_k}\times 100 \quad (k\geqslant 20) \tag{5-4}$$

若每批产品不合格数为 $C_1, C_2, \cdots, C_k$，则过程平均为每百单位产品不合格数，即

$$\frac{C_1+C_2+\cdots+C_k}{N_1+N_2+\cdots+N_k}\times 100 \quad (k\geqslant 20) \tag{5-5}$$

在实际计算中，过程平均通常是用样本数据估计的。若从上述批中依次抽取样本量为 $n_1, n_2, \cdots, n_k$ 的样本，经检验，样本中的不合格（品）数分别为 $d_1, d_2, \cdots, d_k$，则利用样本估计的过程平均为不合格品百分数或每百单位产品不合格数，即

$$\frac{d_1+d_2+\cdots+d_k}{n_1+n_2+\cdots+n_k}\times 100 \tag{5-6}$$

10．接收质量限 AQL

AQL 为一个被提交验收检验的连续系列批在允许范围内的最差过程平均。在抽样检验中，AQL 是被认为满意的连续提交批的过程平均的上限值，它是连续系列批的平均不合格品率的界限，是设计计数调整型抽样方案的基础。

讨论思考： 举例说明什么是抽样检验的检验批、批量、样本及样本量？

5.4　计数型抽样方案及对批可接收性的判断

抽样检验的对象是一批产品，一批产品的可接收性指通过抽样检验判断出的批的接收与否，这可以通过样本批的质量指标来衡量。

在实际抽样检验过程中，将上述批质量判断规则转换为一个具体的抽样方案。最简单的一次抽样方案由批量 N、样本量 n 和用来判定批是否被接收的接收数 Ac 组成，记为(N,n,Ac)，或者简记为(n,Ac)。

记 d 为样本中的不合格（品）数。实际抽样检验对批质量的判断（对批的可接收性的判断）的规则是，若 d 小于或等于 Ac，则接收该批；若 d 大于 Ac，则拒收该批。Ac 也称合格判定数，计数型一次抽样检验判断过程如图 5-1 所示。

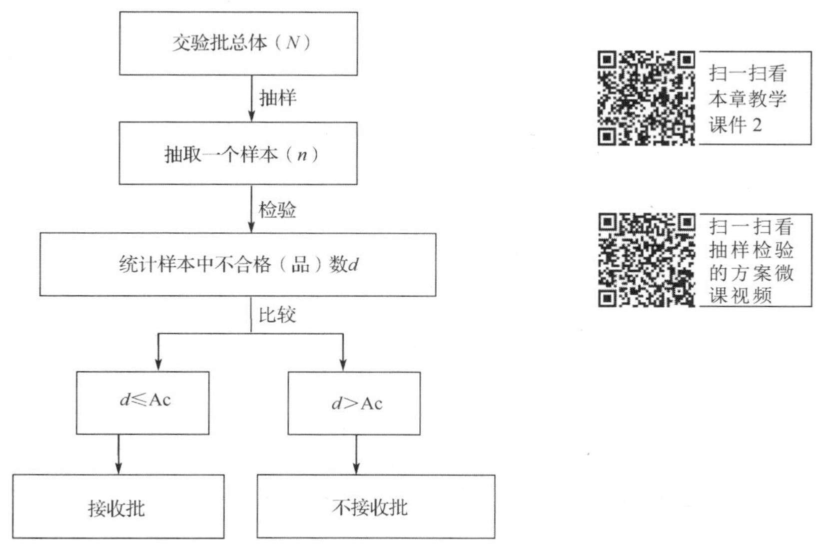

图 5-1　计数型一次抽样检验判断过程

案例 5-3　某电器生产厂在对入库的电子原材料进行抽样检验时，实施正常检验一次抽样方案。根据检验指导书的规定，当批量 N 为 501～1200 时，确定的抽样方案是(N,80,2)。

情况一：从中抽取样本量 n=80 的样本进行全数检验，若经检验发现样本中的不合格品数 d 为 1，则接收这批产品。

情况二：从中抽取样本量 n=80 的样本进行全数检验，若经检验发现样本中的不合格品数 d 为 3，则拒收这批产品。

在通过二次抽样检验对批质量进行判断时最多允许抽两个样本，抽样方案记为(N,n_1,n_2,Ac_1,Ac_2)。在抽样检验过程中，如果第一个样本中的不合格（品）数 d_1 小于或等于 Ac_1，则接收该批产品；如果 d_1 大于 Ac_2，则拒收该批产品；如果 d_1 大于 Ac_1，但小于或等于 Ac_2，则继续抽取第二个样本，设第二个样本中不合格（品）数为 d_2，当 d_1+d_2 小于或等于第二个接收数 Ac_2 时，则接收该批产品，如果 d_1+d_2 大于 Ac_2，则拒收该批产品。计数型二次抽样检验判断过程如图 5-2 所示。

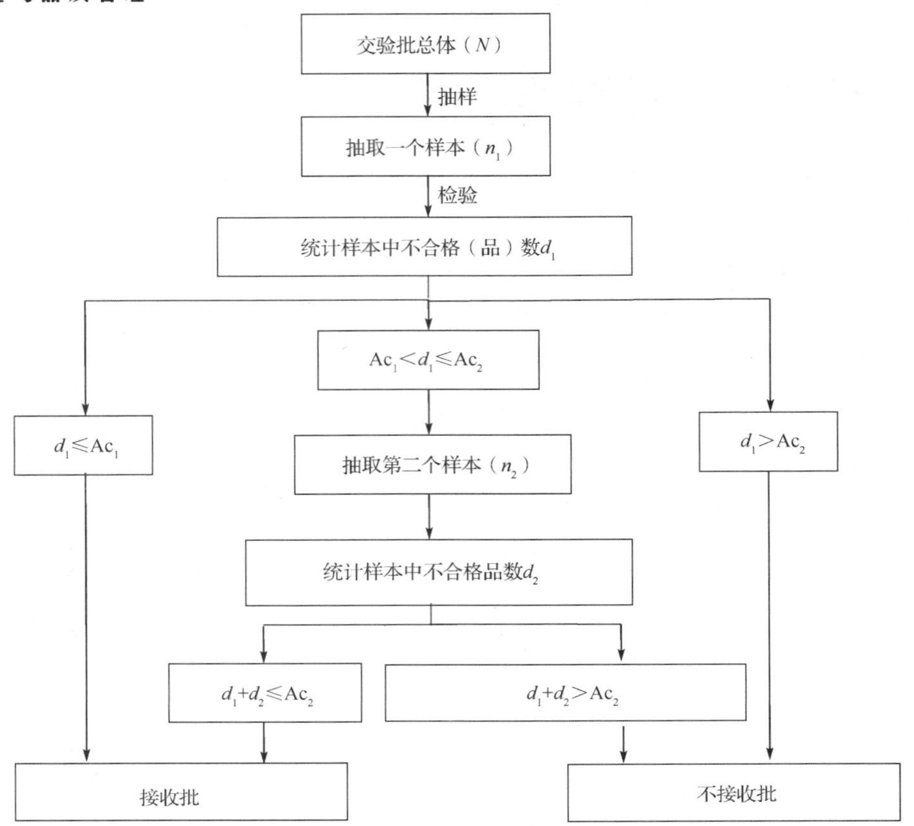

图 5-2　计数型二次抽样检验判断过程

案例 5-4　某电器生产厂在对入库的电子原材料进行抽样检验时，实施正常检验二次抽样方案。根据检验指导书的规定，当批量 N 为 1201～3000 时，确定的抽样方案是(N,80,80,1,4)。

情况一：从中抽取第一个样本（n_1=80）进行全数检验，若经检验发现样本中的不合格品数 d_1 为 0，则直接接收该批产品，不需抽取第二个样本。

情况二：从中抽取第一个样本（n_1=80）进行全数检验，若经检验发现样本中的不合格品数 d_1 为 5，则直接拒收该批产品，不需抽取第二个样本。

情况三：从中抽取第一个样本（n_1=80）进行全数检验，若经检验发现样本中的不合格品数 d_1 为 2，则继续抽取第二个样本（n_2=80），在对第二个样本检验之后，若发现不合格品数 d_2 为 2，$d_1+d_2 \leq Ac_2$，即 2+2≤4，则接收该批产品。

情况四：从中抽取第一个样本（n_1=80）进行全数检验，若经检验发现样本中的不合格品数 d_1 为 2，则继续抽取第二个样本（n_2=80），在对第二个样本检验之后，若发现不合格品数 d_2 为 3，$d_1+d_2>Ac_2$，即 2+3>4，则拒收该批产品。

请同学们分组讨论此案例中四种抽样方案的异同。

小提示：抽样方案及对批的可接收性的判断

GB/T 2828.1—2012 的抽样方案包括一次抽样方案、二次抽样方案及五次抽样方案，它们根据样本中的不合格（品）数及接收准则来判断是接收批、不接收批还是需要抽取下一个样本。

在二次抽样方案中，如果在抽取第一个样本之后，就能对批是否可接收做出判断，那就可以不再抽取第二个样本，即第二个样本不是必须抽取的。如果不能根据第一个样本做出判断，则抽取第二个样本，但最多抽取两个样本就要做出是否接收批的判断。

对于五次抽样方案，至多抽取五个样本就必须做出是否接收批的判断。

对于产品具有多个质量特性且这些质量特性都需要检验的情况，只有当该批产品的所有抽样方案的检验结果均为可接收时，才能判定该批产品最终被接收。

5.5　计数调整型抽样检验

1949 年，美国科学家道奇和罗米格首先发表了《一次抽样与二次抽样检查表》；1950 年，美国军用标准 MIL-STD-105D 是世界上具有代表性的计数型抽样检验方法标准，后经多次修改，由国际标准化组织在 1974 年发布为国际标准 ISO 2859，我国参照这个标准制定了 GB/T 2828—1987《逐批检查计数抽样程序及抽样表（适用于连续批的检查）》，之后经过几次升级改版，于 2003 年颁布了国家标准 GB/T 2828.1—2003，2012 年又颁布了新的国家标准 GB/T 2828.1—2012。当然，日本、英国、加拿大等国也有相应的抽样检验方法标准。现在抽样检验已经广泛地应用于世界各个地方的各种行业。

所谓计数调整型抽样检验是指根据已检批的质量信息，随时按一套规则调整检验的严格程度的抽样检验过程。当生产方提供的产品正常时，采用正常检验方案进行检验；当产品质量下降或生产不稳定时，采用加严检验方案进行检验，以免第二类错判概率 β 变大；当产品质量较为理想且生产稳定时，采用放宽检验方案进行检验，以免第一类错判概率 α 变大。这样可以鼓励生产方加强质量管理，提高产品质量的稳定性。

调整型抽样检验较多地利用了抽样检验结果的历史资料，因此在对批质量提供同等鉴别能力时，该类型检验需要抽取的样本量要少于标准型抽样检验，而且能更好地协调供需双方各自承担的抽样风险。计数调整型抽样检验主要适用于连续批的检验，是目前使用最广泛、在理论上研究得最多的一种抽样检验方法。

5.6　GB/T 2828.1—2012 的使用程序

GB/T 2828.1—2012 为《计数抽样检验程序　第 1 部分：按接收质量限（AQL）检索的逐批检验抽样计划》。本标准设计的抽样计划主要适用于（但不限于）下列检验：最终产品、零部件和原材料、操作、在制品、库存品、维修操作、数据或记录、管理程序。受检对象应以批的形式出现，而且该标准主要适用于连续批，连续批是由同一生产厂在其生产人员认为生产条件相同的情况下连续生产的一系列的批。

小提示：连续批的概念

连续批是指批与批之间产品质量关系密切或连续生产并连续提交验收的批。只要不同批的结构、设计、工艺、主要原材料等生产条件和生产者操作水平基本相同，一般就可认为它们是连续批。

如果一个连续批在生产的同时提交验收，那么在后面的批生产前，前面批的检验结果可能是有用的，检验结果在一定程度上可以反映后续生产的质量。当前面批的检验结果表明过程已经变坏时，检验人员有理由使用转移规则来执行一个更为严格的抽样程序；反之若前面的检验结果表明过程稳定或有所好转，则检验人员有理由维持或放宽抽样程序。GB/T 2828.1—2012 是主要用于检验连续批的抽样标准。GB/T 2828.1—2012 的使用步骤如图 5-3 所示。

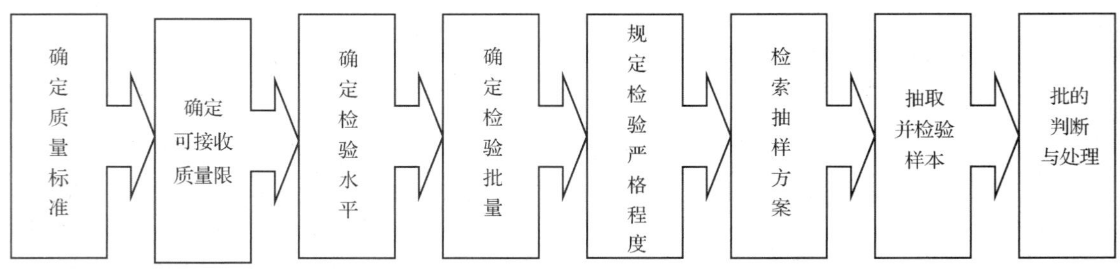

图 5-3　GB/T 2828.1—2012 的使用步骤

1. 质量标准和不合格分类的确定

首先需要明确待检产品的质量特性指标、该指标应该符合的标准或规范，以及不合格严重性分级。

案例 5-5　某电器生产厂需要对入库的手机充电器的外观字迹进行抽样检验，判断标准是“用酒精不能将字迹擦除”，不合格为 C 类不合格。这里的“外观字迹”就是待检产品的其中一项质量特性指标。

2. 确定 AQL

在 GB/T 2828.1—2012 中，AQL 有特殊意义，它起着极其重要的作用。AQL 是当一个连续批被提交验收时，该批在允许范围内的最差过程平均。它反映了使用方对生产过程质量稳定性的要求，即对在生产连续稳定的基础上的过程的不合格品率的最大值的要求。例如，规定 AQL=1.0（%）是要求在加工过程稳定的基础上的最大不合格品率不超过 1.0%。

在 GB/T 2828.1—2012 中，AQL 的取值为 0.01 至 1000，共 26 个级别。它的取值是根据优先数系的原则设计的。AQL 也可作为一个检索依据，使用这些按 AQL 检索的抽样方案时，来自质量等于或好于 AQL 的过程的检验批的大部分将被接收。AQL 是可接收批和不可接收批的过程平均之间的界限值。AQL 不应与实际的过程平均混淆，在 GB/T 2828.1—2012 中，为避免过多批不被接收，要求过程平均比 AQL 更好，如果过程平均不总比 AQL 好，被检验的批将会被转移到加严检验，甚至暂停检验。

如果 AQL 的取值与 GB/T 2828.1—2012 所给数据不同，则不能使用该标准，因此在确定 AQL 的取值时应使其和 GB/T 2828.1—2012 中的数据一致。

在确定 AQL 的取值时，应考虑对生产方的认知程度（如过程平均、质量信誉等）、使用方的质量要求（如性能、功能、寿命、互换性等）、产品复杂程度、产品质量不合格类别、检验项目的数量和经济性等因素。

扫一扫看确定 AQL 微课视频

常用方法有以下五种。

1）根据过程平均确定

根据生产方近期提交的初检产品批的样本的检验结果对过程平均的上限加以估计，若与此值相等或比它稍大的标称值能被使用方接受，则将该标称值作为 AQL 的取值。此种方法大多用于品种少、批量大且质量信息充分的场合。

2）按不合格类别确定

对不合格类别不同的产品，分别规定不同的 AQL 的取值。对于越重要的检验项目而言，验收后的不合格品造成的损失会越大，因此，越应指定严格的 AQL 的取值。原则上，A 类的 AQL 的取值要小于 B 类的 AQL 的取值，C 类的 AQL 的取值要大于 B 类的 AQL 的取值。另外，也可以考虑在同类中对部分或单个不合格规定 AQL 的取值，以及在不同类别之间规定 AQL 的取值。

3）根据检验项目数确定

当同一类的检验项目有多个（如同属 B 类不合格的检验项目有三个）时，AQL 的规定值应比同一类不合格只有一个检验项目时的规定值要适当大一些。

4）根据产品本身的特点来确定

对于一些结构复杂的产品或缺陷只能在整机运行时被发现的产品，其 AQL 的取值应小一些；产品越贵重，其不合格造成的损失越大，AQL 的取值应越小；在同一种电子元器件中，一般用于军用设备的元器件比用于民用设备的元器件的 AQL 的取值小一些；半成品对下道工序影响越大，AQL 的取值越小。

5）根据检验的经济性来确定

对于一些破坏性检验、检验费用比较高的检验及检验时间比较长的检验，为了减小样本量，应将 AQL 的取值规定得小些。

根据产品的使用要求得到的 AQL 的取值参考如表 5-2 所示，根据产品的检验性能得到的 AQL 的取值参考如表 5-3 所示。

表 5-2　根据产品的使用要求得到的 AQL 的取值参考

使用要求	特高	高	中等	低
AQL	≤0.1	0.15～0.65	1.0～2.5	≥4.0
实例	导弹、卫星、飞船等	飞机、舰艇、主要工业品	一般车、船、重要工业品	生活用品

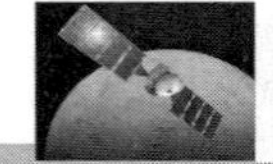

表 5-3　根据产品的检验性能得到的 AQL 的取值参考

性　能	电气	机械	外观
AQL	0.4～0.65	1.0～1.5	2.5～4.0

小提示：AQL 的取值要求

AQL 的取值并不是任意的，在计数调整型抽样方案中，AQL 的取值只能为 0.01,0.015,…,1000 这 26 档。过程平均可以用不合格品百分数或每百单位产品不合格数表示，当以不合格品百分数表示过程平均时，AQL 的取值不超过 10%，当以每百单位不合格数表示过程平均时，可使用的 AQL 的取值最高可达每百单位产品中有 1000 个不合格，但取值一般在 10 到 100 之间，100 以上的取值很少见。若有可能，应尽量选择 GB/T 2828.1—2012 给出的 AQL 的取值；否则，GB/T 2828.1—2012 不适用，应设计特殊的方案。

AQL 是对生产方的过程质量提出的要求，不是针对个别批质量的要求，因此不需要对每个交检批都规定 AQL 的取值，在使用 GB/T 2828.1—2012 时，AQL 的取值一经确定便不能随意改变。

在实际使用中，AQL 的取值往往根据行业的通用经验值确定。例如，在服装、纺织品的抽样检验中，AQL 的取值一般在 1.0 到 6.0 之间；在电子产品或医疗器械的抽样检验中，AQL 的取值在 0.010 到 1.0 之间。

案例 5-6　案例 5-5 是对手机充电器的外观字迹的检查，其不合格为 C 类不合格，对产品的使用不会造成严重影响，所以 AQL 的取值可以稍大一些，假设 AQL=1.0（%）。

也就是说如果生产方的充电器要通过检验，那么其过程平均要小于 1.0%，就是平均每百单位产品的不合格品数要小 1.0。

3. 确定检验水平（IL）

检验水平明确了批量 N 与样本量 n 之间的关系。当批量确定时，只要明确检验水平，就可以检索到样本量字码和样本量。批量和样本量之间的关系往往是根据经验确定的，其确定原则是批量越大，样本量也相应地高一些。但样本量与批量绝不成正比例。一般地，对于同一检验水平，批量越大，样本量与批量的比值 n/N 就越小，即检验批量越大，单位检验费用越小，所以在设计方案时可以在过程稳定的情况下组大批交验。

在 GB/T 2828.1—2012 中，检验水平有两类，即一般检验水平和特殊检验水平。

一般检验水平包括Ⅰ、Ⅱ、Ⅲ三个检验水平，无特殊要求时均采用一般检验水平Ⅱ。

特殊检验水平（又称小样本检验水平）规定了 S-1、S-2、S-3、S-4 四个检验水平，一般用于检验费用较高且允许有较高风险的情况。

不同的检验水平的样本量也不同，在 GB/T 2828.1—2012 中，检验水平Ⅰ、Ⅱ、Ⅲ的样本量比例为 0.4:1:1.6。可见，检验水平Ⅰ的判别能力比检验水平Ⅱ的判别能力低，而检验水平Ⅲ的判别能力比检验水平Ⅱ的判别能力高。检验水平Ⅲ能给予使用方较高的质量保证，另外，不同的检验水平对使用方的风险的影响远远大于对生产方的风险的影响。

选择检验水平应考虑以下几点。

（1）产品的复杂程度与价格。构造简单、价格低廉的产品的检验水平应低些，检验费用高的产品应选择低检验水平。

（2）破坏性检验应选低检验水平或特殊检验水平。

（3）生产的稳定性。生产稳定性差的产品或新产品应选高检验水平。

（4）批与批之间的质量差异性。批间的质量差异性小且以往的检验总是被判为合格的连续批产品可采用低检验水平。

> **小提示：AQL 的取值应和检验水平相协调**
>
> 在选取检验水平和 AQL 的取值时，应避免 AQL 的取值与检验水平的不协调，若在检验水平为特殊水平 S-1 的情况下，字码不超过 D，而与字码 D 对应的正常检验一次抽样方案的样本量为 8，若规定 AQL=0.1%，其样本量为 125，则指定的 S-1 无效。
>
> 在无特殊说明时，检验水平通常选择检验水平 II。

4. 确定检验批量

批量是检验批中单位产品的数量。从抽样检验的观点来看，大批量检验的优点是，从大批中抽取大样本比较经济，而且大样本对批质量有较高的判别力。当 AQL 相同时，样本量在大批中的比例比在小批中的比例要小。但是批量大不是无条件的，大批应由生产条件和生产时间基本相同的同型号、同等级、同种类（尺寸、特性、成分等）的单位产品数组成。

GB/T 2828.1—2012 规定的是批量范围，由“2～8”“9～15”…“150001～500000”“500000及其以上”等 15 档组成（见附表 A-1）。

根据检验水平和批量大小确定样本字码，字码可在附表 A-1 中查询。

案例 5-7　案例 5-5 是对手机充电器的外观字迹的检查，假设批量为 1000，若选择检验水平 II，则通过检索附表 A-1 可知样本量字码为 J。

5. 确定抽样方式

GB/T 2828.1—2012 中规定了一次抽样方案、二次抽样方案和五次抽样方案的类型，在选择抽样方案类型时主要考虑的因素为产品的检验和抽样的费用。一次抽样方案的平均样本量是固定的，而二次抽样方案和五次抽样方案的平均样本量低，比一次抽样方案节省样本，但二次抽样方案和五次抽样方案所需的时间、检验知识和复杂性都要比一次抽样方案高。另外，从心理效果上讲，二次抽样方案和五次抽样方案比一次抽样方案好，因此往往使用方愿意采用二次抽样方案或多次抽样方案。因此，选择抽样方案类型时应对上述因素综合考虑。

在使用 GB/T 2828.1—2012 时，使用一次抽样方案没有接收的批不能继续使用二次抽样方案对其判定。

6. 确定检验严格程度

GB/T 2828.1—2012 规定了三种严格程度不同的检验，这里的严格程度是指批所接受的检验的宽严程度。三种检验分别是正常检验、加严检验和放宽检验。

正常检验是指在过程平均优于 AQL 时使用的抽样方案，此时的抽样方案使过程平均优于 AQL 的批以高概率被接收。

加严检验是比正常检验严格的一种抽样方案，当连续批的检验结果表明过程平均可能劣于 AQL 时，应对产品进行加严检验，以更好地保护使用方的利益。

放宽检验的样本量比相应的正常检验的样本量小，因此其鉴别能力小于正常检验，当系列批的检验结果表明过程平均远优于 AQL 时，可使用放宽检验，以节省样本量。

小提示：一般从正常检验开始

在抽样检验开始时，一般采用正常检验，之后应根据已检信息和转移规则选择使用加严检验或放宽检验。

7. 确定抽样方案

根据确定的 AQL 的取值、查出的样本字码、确定的抽样方式（一次抽样、二次抽样、多次抽样）及检验严格程度（正常检验、加严检验、放宽检验），检索附表，即可确定抽样方案。

案例 5-8 案例 5-5 是对手机充电器的外观字迹的检查，假设批量为 1000，若选择检验水平 II，则通过检索附表 A-1 可知样本量字码为 J。AQL 的取值为 1.0（%），抽样方式为一次抽样，严格程度为正常检验，则在 GB/T 2828.1—2012 的正常检验一次抽样方案中检索到的抽样方案为(1000,80,2)。其含义是，从批量是 1000 的待检批中，抽取样本量为 80 的样本做全数检验，若经检验发现样本的不合格品数小于或等于 2，则接收这批产品，否则拒收这批产品。

讨论思考：

（1）在某产品的出厂检验中采用 GB/T 2828.1—2012，若 N=2000，AQL=1.5（%），检验水平为 II，试确定正常检验一次抽样方案。

（2）采用 GB/T 2828.1—2012 对某产品进行抽样检验，若 N=1500，AQL=2.5（%）检验水平为 II，试确定正常检验二次抽样方案。

（3）采用 GB/T 2828.1—2012 对某产品进行抽样检验，若 N=1800，AQL=2.5（%），检验水平为 II，试确定正常检验一次抽样方案、加严检验一次抽样方案和放宽检验一次抽样方案。

5.7 抽样方案的评价

扫一扫看本章教学课件 3

在抽样检验中，抽样方案科学与否直接涉及生产方和使用方的利益，因此在设计、选择抽样方案的同时应对抽样方案进行评价，以保证抽样方案的科学合理。

5.7.1 接收概率及操作特性（OC）曲线

扫一扫看接收概率计算微课视频

根据规定的抽样方案，把具有给定质量水平的交检批判定为接收的概率称为接收概率，即接收概率 Pa 是在用给定的抽样方案验收某交检批时，结果为接收的概率。当抽样方案不变时，不同质量水平的批被接收的概率不同。接收概率的计算方法有以下三种。

1. 超几何分布计算法

$$\text{Pa}=\sum_{d=0}^{\text{Ac}}\frac{\binom{N-D}{n-d}\binom{D}{d}}{\binom{N}{n}} \tag{5-7}$$

该式是在有限总体计件抽检时计算接收概率的公式。式中，$\binom{D}{d}$为从批含有的不合格品数 D 中抽取 d 个不合格品的全部组合数；$\binom{N-D}{n-d}$为从批含有的合格品数 $N\text{–}D$ 中抽取 $n\text{–}d$ 个合格品的全部组合数；$\binom{N}{n}$为从批量为 N 的一批产品中抽取 n 个单位产品的全部组合数。

超几何分布计算法可用于任何 N 和 n，但计算较为复杂。当 N 很大（n/N 很小）时，可用二项分布计算法。

2. 二项分布计算法

$$\text{Pa}=\sum_{d=0}^{\text{Ac}}\binom{n}{d}p^{d}\left(1-p\right)^{n-d} \tag{5-8}$$

式中，p 为批不合格品率（在有限总体中，$p=D/N$）。式（5-8）实际上是在进行无限总体计件型抽样检验时计算接收概率的公式。在实际应用中，当$\frac{n}{N}\leqslant 0.1$时，二项概率近似于超几何概率，即式（5-8）可代替式（5-7）作为概率的近似计算。

另外，也可以通过查二项分布函数表求得接收概率。

3. 泊松分布计算法

$$\text{Pa}=\sum_{d=0}^{\text{Ac}}\frac{\left(np\right)^{d}}{d!}\text{e}^{-np}\qquad(\text{e}=2.71828\cdots) \tag{5-9}$$

该式是计点型抽样检验中计算接收概率的公式。

抽样方案的接收概率 Pa 依赖于批不合格品率 p，当 p 变化时，Pa 是 p 的函数，通常也记为 $L(p)$。$L(p)$随 p 变化的曲线称为操作特性曲线或 OC 曲线。OC 曲线表示一个抽样方案对产品的批质量的辨别能力。

图 5-4 为批量 N=1000、n=30、Ac=4 时的 OC 曲线。

小提示：OC 曲线的特点

（1）OC 曲线和抽样方案之间是一一对应的关系，也就是说有一个抽样方案就有一条对应的 OC 曲线。

（2）OC 曲线是一条通过(0,1)和(1,0)两点的连续曲线。

（3）OC 曲线是一条严格单调递减的函数曲线。

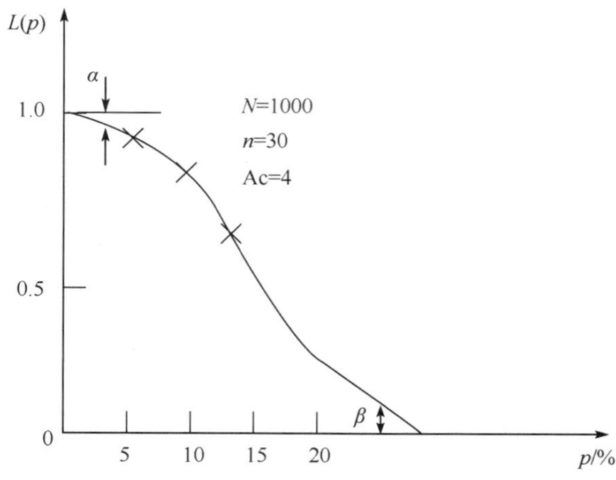

图 5-4　批量 N=1000、n=30、Ac=4 时的 OC 曲线

5.7.2　理想 OC 曲线与实际 OC 曲线

在对产品进行质量检验之前，若预先规定检验批的批不合格品率 p_0 为评判的标准，则当检验批的批不合格品率 $p \leqslant p_0$ 时，该批产品被判为合格，应当被接收；反之，当检验批的批不合格品率 $p > p_0$ 时，该批产品被判为不合格，应当被拒收，由此得到的 OC 曲线如图 5-5 所示。但是在实际的抽样检验中，难免出现错检或漏检，即被判为接收的产品批的批不合格品率大于 p_0。图 5-5 为理想 OC 曲线，在实际中是不存在的。

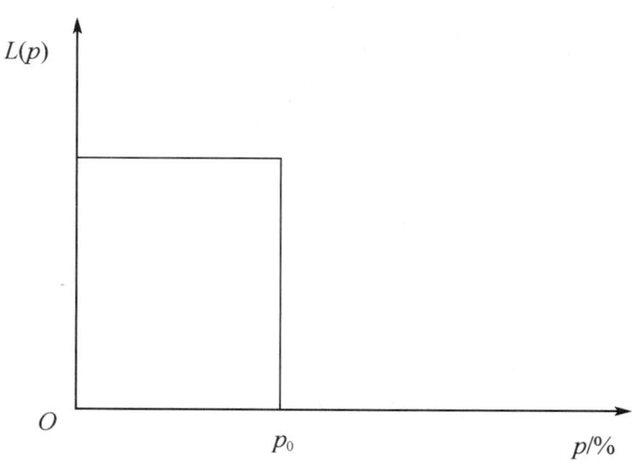

图 5-5　理想 OC 曲线

一个好的抽样方案，应该是当 $p \leqslant p_0$ 时，检验批以高概率被接收；当批不合格品率下降

到某个规定的界限 p_1（$p \geqslant p_1$）时，检验批以高概率被拒收；当批不合格品率介于 p_0 和 p_1 之间时，接收概率应该迅速降低，由此得到的实际 OC 曲线如图 5-6 所示。

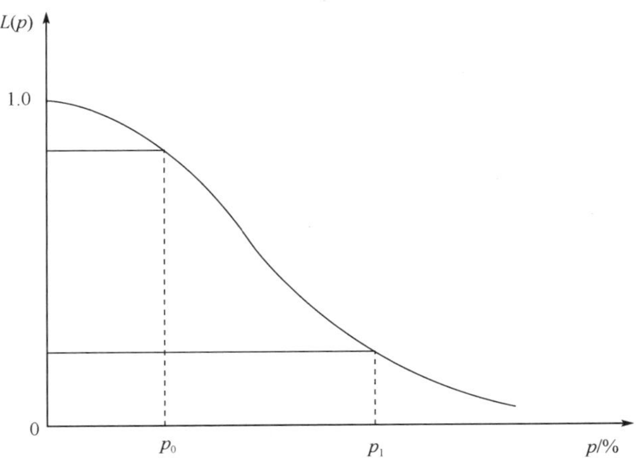

图 5-6　实际 OC 曲线

案例 5-9　已知 N=1000，当用抽样方案(1000,50,1)去反复检验 p=0.5%,0.7%,1.0%,2.0%,3.0%,4.0%,5.0%,6.0%,7.0%,7.6%,8.0%,10.0%,20.0%,…,100.0%的连续交检批时，可以得到如表 5-4 所示的结果。

表 5-4　用抽样方案(1000,50,1)检验 N=1000、p 取不同值时的结果

p	0.0%	0.5%	0.7%	1.0%	2.0%	3.0%	4.0%	5.0%
$L(p)$	1.000	0.9739	0.9519	0.9106	0.7358	0.5553	0.4005	0.2794
p	6.0%	7.0%	7.6%	8.0%	10.0%	20.0%	…	100.0%
$L(p)$	0.1900	0.1265	0.0982	0.0827	0.0337	0.0002	…	0.0000

今以 p 为横坐标、$L(p)$为纵坐标将表 5-4 的数据描绘在平面上，得到如图 5-7 所示的曲线。这条曲线即抽样方案(1000,50,1)的 OC 曲线。

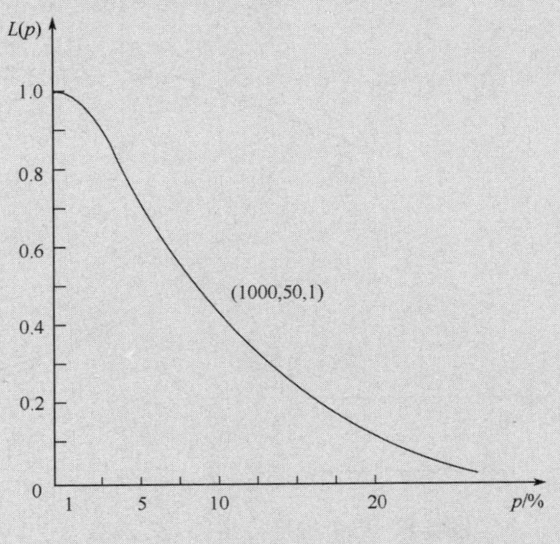

图 5-7　抽样方案(1000,50,1)的 OC 曲线

每个抽样方案都有一条 OC 曲线，OC 曲线的形状不同表示抽样方案对批的判断能力不同，即对同一个批用不同的抽样方案，其被接收的概率不同。

在抽样检验时，有些人以为样本中一个不合格品都不出现的抽样方案是好方案，即认为采用 Ac＝0 的抽样方案最严格，最让人放心。其实并不是这样的，下面研究以下三个抽样方案（批量 $N=1000$）。

（1）$n=100$，Ac＝0。

（2）$n=170$，Ac＝1。

（3）$n=240$，Ac＝2。

这三个抽样方案的 OC 曲线如图 5-8 所示。从图 5-8 的 OC 曲线可以看出，不论在哪个抽样方案中，批不合格品率 $p=2.2\%$时的接收概率基本上都在 0.10 左右。但对 Ac＝0 的方案来说，p 只要比 0 稍大一些，$L(p)$就迅速减小，这意味着优质批被判为不接收的概率快速增大，这对生产方是很不利的。对比之下，当 Ac＝1 及 Ac＝2 时，优质批被判为接收的概率相对增加。

由此可见，在实际操作中，若能增大 n，则采用增大 n 的同时也增大 Ac（Ac≠0）的抽样方案，比单纯采用 Ac=0 的抽样方案更易在保证批质量的同时保护生产方的利益。

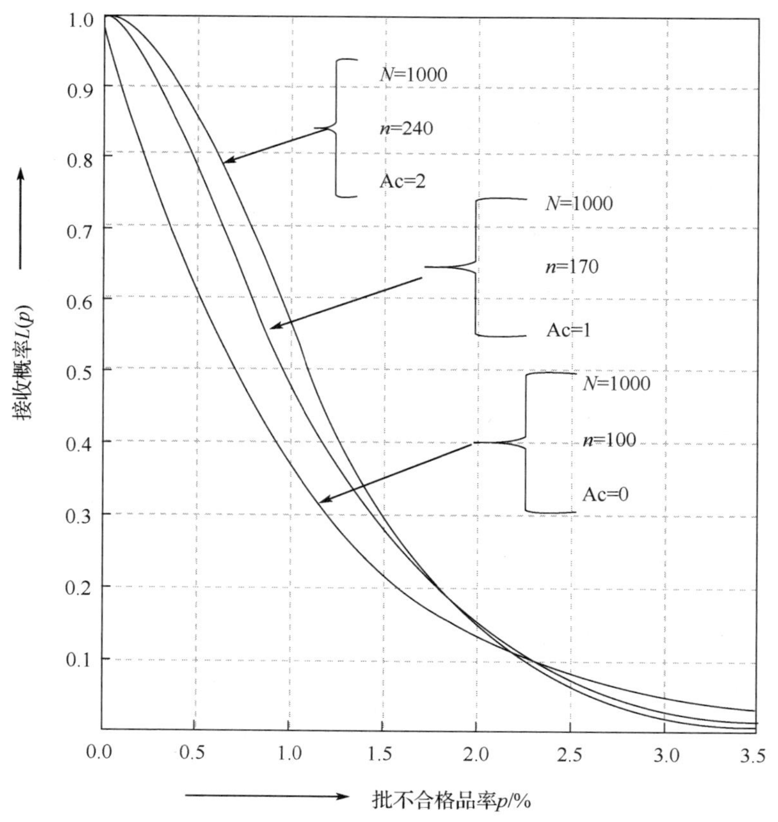

图 5-8　三个抽样方案的 OC 曲线

5.7.3 OC 曲线影响因素分析

由式（5-8）可知，正常检验一次抽样方案的 OC 曲线与参数 N、n、Ac 有关，由这些参数的不同组合，可得到不同形状的 OC 曲线。下面讨论这三个参数对 OC 曲线的影响。

1. 批量 N 对 OC 曲线的影响

图 5-9 为样本量 n 和接收数 Ac 不变、批量 N 变化时的 OC 曲线，从图中可以看出，N 的变化对 OC 曲线的影响很小，所以通常一次抽样方案只要写出样本量 n 和接收数 Ac 就可以了，即(n,Ac)。

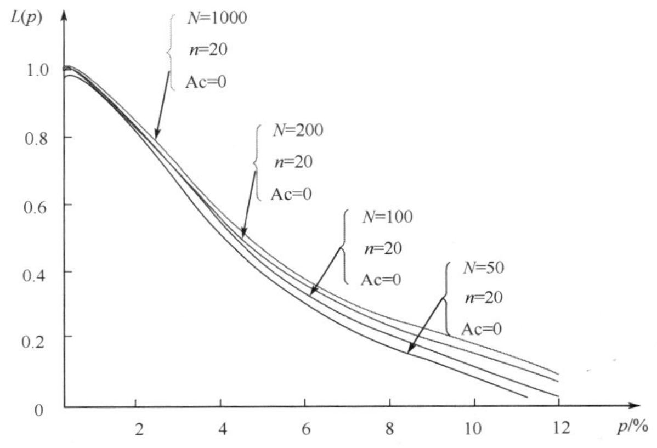

图 5-9　样本量 n 和接收数 Ac 不变、批量 N 变化时的 OC 曲线

2. 样本量 n 对 OC 曲线的影响

图 5-10 为批量 N 和接收数 Ac 保持不变、样本量 n 发生变化时的 OC 曲线，从图中可以看出，当 n 越大时，OC 曲线变得越陡峭，而且越靠左，它对应的抽样方案越严格。当样本量较大时，批不合格品率稍有变化，接收概率会迅速降低。

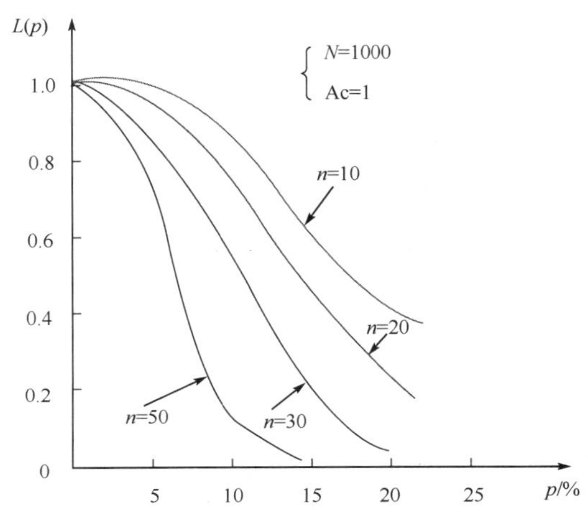

图 5-10　批量 N 和接收数 Ac 保持不变、样本量 n 发生变化时的 OC 曲线

3. 接收数 Ac 对 OC 曲线的影响

图 5-11 为批量 N 和样本量 n 保持不变、接收数 Ac 发生变化时的 OC 曲线，从图中可以看出，当接收数 Ac 越小时，OC 曲线变得越陡峭，而且越靠左，它对应的抽样方案越严格。接收数越小，意味着允许的样本中的不合格品数越少，抽样方案会越严格。

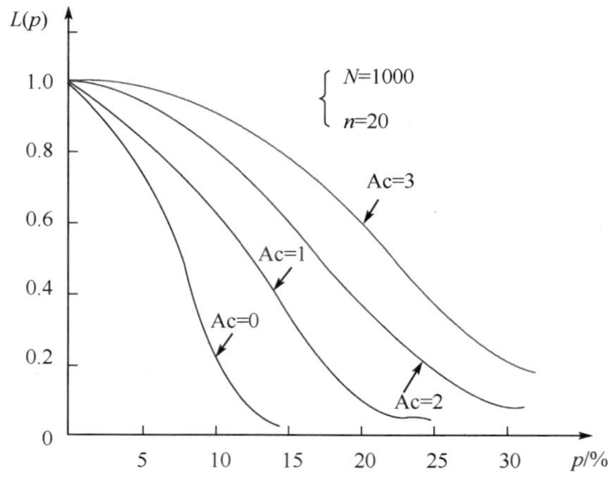

图 5-11 批量 N 和样本量 n 保持不变、接收数 Ac 发生变化时的 OC 曲线

讨论思考：

（1）为什么对于一次抽样方案，当 n、Ac 不变时，N 的变化对 OC 曲线影响不大？

（2）为什么对于一次抽样方案，当 N、Ac 不变时，n 的变化对 OC 曲线影响明显？为什么 n 越大，抽样方案越严格？

（3）为什么对于一次抽样方案，当 N、n 不变时，Ac 的变化对 OC 曲线影响明显？为什么 Ac 越大，抽样方案越宽松？

5.7.4 抽样方案的两类风险

采用抽样检验时，生产方和使用方都要冒一定的风险。因为抽样检验根据一定的抽样方案从批中抽取样本进行检验，并根据检验结果及接收准则来判断是否接收该批，而样本具有随机性，同时它仅是批的一部分，通常还是很少的一部分，所以使用这种检验方法有可能造成错误的判断。质量好的批有可能被判为不接收，质量差的批也有可能被判为接收。

在抽样检验中，通过 OC 曲线可以评价抽样方案的判别能力，但对于一个抽样方案如何影响生产方和使用方的利益的问题，可以通过两类风险进行具体分析。

1. 生产方风险

生产方风险是指生产方所承担的批质量合格而不被接收的风险，又称第一类错误的概率，一般用 α 表示。

案例 5-10 有一批产品，批量 $N=1000$，批不合格品数 $D=1$，即批不合格品率为 1‰，生产方和使用方对这批产品的质量是满意的。假定采用一个很简单的抽样方案，即只抽一个单位产品进行检验，如果它是合格品就接收该批，如果它是不合格品就不接收该批。在抽样检验时，就有可能出现如下两种情况。

情况一：$n=1$，$d=0$，接收该批。

情况二：$n=1$，$d=1$，不接收该批。

第一种情况抽到的是合格品，根据抽样方案接收该批产品，这种结果符合生产方和使用方的要求；但若恰好抽到批中唯一的不合格品，检验结果就是不接收该批产品，这对生产方是完全不利的。采用抽样检验，生产方就会有这样的风险，在本例中生产方承担的本来合格的批不被接收的风险为千分之一。

2. 使用方风险

使用方风险是指使用方所承担的接收质量不合格批的风险，又称第二类错误的概率，一般用 β 表示。

案例 5-11 有一批产品，批量 $N=1000$，批不合格品数 $D=500$，即批不合格品率为 50%，这批产品当然是不合格的。假定采用一个保险的抽样方案，抽取 $n=500$ 的样本进行检验，若样本中没有一个不合格品，则接收该批，否则就不接收。但即使按照这样的抽样方案来检验，也有可能因恰巧抽到批中全部 500 个合格品而判为接收该批。这种极端情况一旦发生，就会损害使用方的利益。经计算，发生这种情况的概率为 $\dfrac{1}{\dbinom{1000}{50}}\approx 3.7\times10^{-300}$。这是一个极小的概率，在实际中不可能发生，但也说明了只要采用抽样检验，使用方必定会承担一定风险。

参考上述案例对周围产品进行分析。

小提示： 如何选择抽样方案

在抽样检验中，上述两类风险都是不可避免的。如果采用抽样检验，那么生产方和使用方都必须承担各自的风险。关键是双方应明确各自承担的风险极限，即对于双方来说，什么样的质量水平的批是合格批，在此质量水平下，生产方风险最大不超过多少，以及对于双方而言，何种质量水平的批是不可接收的批，在此质量水平下，使用方能承受多大的风险。在这个基础上比较备选方案的接收概率和 OC 曲线可以找到合适的抽样方案。如果要想同时满足双方利益，并同时减小双方风险，唯一的方法是增大样本量，但这样又势必提高检验成本，所以抽样方案的选择实际上是双方承担的风险和抽样经济的平衡。

5.8 检验样本的抽取方法

在抽样检验中，批能否被接收取决于样本的质量，所以抽取的样本的质量水平必须能够代表批总体的质量水平，这就要求样本的抽取是随机的、不带有偏向性的，这样可排除主观意向，使批中每个产品都有被抽取的机会。

GB/T 2828.1—2012 规定，一般应按简单随机抽样方案从批中抽取样本，但当批是由子批或（按某种合理准则可识别的）层组成时，应使用分层抽样。在分层抽样中，各子批或各层的样本量应与子批或层的大小成比例。

样本应在批被生产出来以后或在批的生产期间抽取。当使用二次抽样检验或多次抽样检验时，每个后继的样本应从同一批的剩余部分中抽取。

1. 简单随机抽样

简单随机抽样就是通常所说的随机抽样法。之所以将它称为简单随机抽样，是因为采用该方法能使总体中的每个个体被抽到的机会是相同的。

简单随机抽样的方法通常有抽签法和查随机数表法两种。

小提示：简单随机抽样的特点

（1）总体的个数 N 是有限的。

（2）逐个抽取样本。

（3）不放回抽样，即抽取出来的样本不再参与后续样本的抽取。

（4）等概率抽样，即每个个体被抽到的概率相等。

简单随机抽样适用于批量较小且抽取的样本较少的情况，若产品批量较大，对产品进行编号和制作号签的工作会比较烦琐。

案例 5-12 用抽签法进行简单随机抽样。

某手机充电器生产厂对连续入库的成品充电器进行抽样检验，每 40 个产品为一批，在每批中抽取 10 个单位产品，采用抽签法进行简单随机抽样的具体过程如下。

（1）将 40 个产品按 1~40 进行编号。

（2）用相同颜色和大小的纸张，制作 1~40 的号签，并将它们搅拌均匀。

（3）随机抽取 10 个号签。

（4）根据号签编号找到对应的充电器，进行检验。

案例 5-13 查随机数表法简单随机抽样。

某手机充电器生产厂对连续入库的成品充电器进行抽样检验，每 40 个产品为一批，在每批中抽取 10 个单位产品，采用查随机数表法进行简单随机抽样的具体过程如下。

（1）将 40 个产品按 00~39 进行编号。

（2）查随机数表，从随机数表中任选一个数据开始向右取数（也可以向左、向上、向下，事先定好方向就可以），比如从第 7 行第 3 列开始，当遇到不在编号之内或已经出现的数时跳过直接选取下一个。

第六行　16 22 77 94 39 49 54 43 54 82 17 37 93 23 78 87 35 20 96 43 84 26 34 91 64

第七行　84 42 17 53 31 57 24 55 06 88 77 04 74 47 67 21 76 33 50 25 83 92 12 06 76

第八行　63 01 63 78 59 16 95 55 67 19 98 10 50 71 75 12 86 73 58 07 44 39 52 38 79

第九行　33 21 12 34 29 78 64 56 07 82 52 42 07 44 38 15 51 00 13 42 99 66 02 79 54

在查随机数表之后，确定的 10 个数分别是 17,31,24,06,04,21,33,25,12,01。

（3）根据查到的 10 个编号，抽取相应产品进行检验。

2. 系统抽样法

当总体的个数较多时，简单随机抽样中编制号签的工作会比较烦琐，这时若每个个体之间无明显差异，可以采用系统抽样法抽取样本。

系统抽样法又叫等距抽样法或机械抽样法。系统抽样法操作简便，实施起来不易出错，因而在生产中人们乐于使用这种方法。例如，在某道工序上定时抽取一件产品进行检验，这就可以看作是系统抽样法。

案例 5-14　系统抽样法。

某手机充电器生产厂对连续入库的成品充电器进行抽样检验，每 200 个产品为一批，在每批中抽取 10 个单位产品，采用系统抽样法的过程如下。

（1）将 200 个产品按 1~200 进行编号。

（2）将总体分段，根据样本数量及批的数量（200/10=20），将 200 个产品依照编号顺序分段，每 20 个一段。

（3）确定一个起始号，如这里确定 6 号为起始号。

（4）从起始号开始，每隔 20 个抽取一个产品，组成样本进行检验，其编号依次为 6,26,46,66,86,106,126,146,166,186。

由于系统抽样法的抽样起点一旦被确定，整个样本也就完全被确定了，所以这种抽样方法容易出现大的偏差。例如，一台织布机出了毛病，每隔 50m（周期性）出现一段疵布，而检验人员正好每隔 50m 抽一段进行检查，抽样的起点正好碰到有瑕疵的布段，这样一来，以后抽查的每一段都有瑕疵，进而就会使检验人员对整匹布甚至整个工序的质量得出错误的结论。总之，当总体含有一种周期性的变化，而抽样间隔又和这个周期（或周期的倍数或一半等）相吻合时，检验人员就会得到一个不真实的样本。因此，在总体会发生周期性变化的情况下，不宜使用这种抽样方法。

小提示：系统抽样法的特点

（1）系统抽样法适用于总体的个体数较多、抽取样本容量较大的情况。

（2）等概率抽样。用系统抽样法抽取样本时，每个个体被抽到的可能性是相等的。

（3）不放回抽样。被抽取出来的样本不再参与后续样本的抽取。

（4）当总体发生周期性变化时，不宜使用系统抽样法。

讨论思考：当样本量 n 不能整除批量 N 时，若采用系统抽样法该如何处理？例如，当批量 N=610、抽样的样本量 n 为 20 时，如何实施系统抽样法？

3. 分层抽样法

当待检产品的质量特性被原材料、加工者或工艺等不同因素影响时，若采用简单随机抽样或系统抽样法，样本可能无法真实反映总体的质量特性。这时采用分层抽样法。分层抽样法也叫类型抽样法。它是当总体由差异明显的几部分组成时，将总体分成互不交叉的几部分（层），按规定的比例从不同层中随机抽取样品（个体）的方法。

案例 5-15 分层抽样法。

某手机充电器生产厂对连续入库的成品充电器进行抽样检验，每 2000 个产品为一批，从中抽取 100 个单位产品进行抽样检验。在 2000 个产品中，1000 个来自 A 生产线，800 个来自 B 生产线，200 个来自 C 生产线。总体来自不同的生产线的情况宜采用分层抽样法，具体实施过程如下。

（1）确定抽样比。抽样比是样本容量与总体个数之比，即 100:2000=1:20，也就是说，在每 20 个产品中抽取 1 个。

（2）利用抽样比确定在各生产线的产品中抽取的样本个数，来自 A 生产线、B 生产线、C 生产线的样本个数分别为 1000/20、800/20、200/20，依次为 50、40、10。

（3）根据确定的样本数量，在各生产线的产品中应用简单随机抽样或系统抽样法，抽取规定数量的样本，进行检验。

小提示：分层抽样法的特点

（1）分层抽样是等概率抽样，每个个体被抽到的概率相等，为 n/N。

（2）分层抽样法是建立在简单随机抽样或系统抽样法的基础上的，由于它充分利用了已知信息，所以利用它获取的样本更具代表性，在实用中更为广泛。

（3）分层抽样法适用于总体数量大、个体之间有明显差异的情况。

4. 整群抽样法

扫一扫看分
层抽样法、
整群抽样法
微课视频

整群抽样法的过程是将总体分成许多群，每个群由个体按一定方式结合而成，然后检验人员随机地抽取若干群，这些群中的所有个体组成样本。

在产品的加工生产过程中进行过程检验时，有时为了实施方便，常以群（如公司、工厂、车间、班组、工序或一段时间内生产的一批零件）为单位进行抽样，对抽到的群进行全检，如对某种产品来说，每隔 20h 抽出其中 1h 的产量组成样本，或者是每隔一定时间（如 30min、1h、4h、8h 等）一次抽取若干个（几个、十几个、几十个等）产品组成样本。

这种抽样方法的优点是实施方便，缺点是由于样本只来自个别几个群，不是均匀地分布在总体中的，所以样本的代表性差，抽样误差大。这种方法常用在工序控制中。

案例 5-16 整群抽样法。

某手机充电器生产厂对连续入库的成品充电器进行抽样检验，每 2000 个产品为一批，从中抽取 100 个单位产品进行抽样检验，将每 20 个产品装成一箱，则每箱产品可以看成一个群，采用简单随机抽样或系统抽样法抽取 5 箱产品进行检验。

小提示：整群抽样法的特点

（1）分群的标准为，使同一群内各单元之间的差异大一些，使群与群之间的差异尽可能小一些。

（2）群规模比较灵活，可大可小。

（3）整群抽样法的优点是，便于组织实施，以及节省人力、时间等。

（4）整群抽样法的缺点是，在样本量相同的情况下，该方法的抽样误差较大。

讨论思考：假设有某种成品零件分别装在 20 个零件箱中，每箱各装 50 个，总共是 1000 个零件。如果想从中取 100 个零件组成样本进行测试研究，那么应该怎样运用上述四种抽样方法呢？

5.9　检验严格程度转移规则

扫一扫看本章教学课件 4

GB/T 2828.1—2012 规定了三种严格程度不同的检验，即正常检验、加严检验与放宽检验。正常检验是当过程平均优于 AQL 时，保证检验批以高概率被接收，以保护生产方利益的抽样方案。加严检验的接收准则比正常检验的接收准则更为严格。通常当加严检验样本量与正常检验样本量一致时，人们通过降低合格判定数来改变抽样方案；当合格判定数为 0 或 1 时，人们通过增大样本量来改变抽样方案，此种抽样方案可以保护使用方的利益。放宽检验是一种样本量比正常检验的样本量小、而接收准则和正常检验的接收准则相差不大的抽样方案。一般情况下，放宽检验的样本量是正常检验的样本量的 40%，因此放宽检验可以用来降低检验费用。

在上述三种检验严格程度中，抽样检验从一种检验状态向另一种检验状态转变的规则称为转移规则。

GB/T 2828.1—2012 的转移规则的示意图如图 5-12 所示。

1. 从正常检验转到加严检验

GB/T 2828.1—2012 规定无特殊情况的抽样检验一般从正常检验开始，若在初检（第一次将批提交检验，而不是不可接收批经过返修或挑选后再次提交检验的情况）批中，连续 5 批或不到 5 批中就有 2 批不被接收，则应从下批起转到加严检验。

扫一扫看调整型抽样检验转移规则微课视频

2. 从加严检验转到正常检验

在进行加严检验时，若连续 5 批经初检被接收，则从下批起恢复正常检验。

3. 从正常检验转到放宽检验

从正常检验转为放宽检验必须同时满足下列三个条件，缺一不可。

（1）当前的转移得分至少是 30 分。这里的转移得分是指在正常检验情况下，用于确定当

前的检验结果是否足以允许检验转移到放宽检验的一种指示数。

（2）生产稳定。

（3）负责部门认为放宽检验可取。

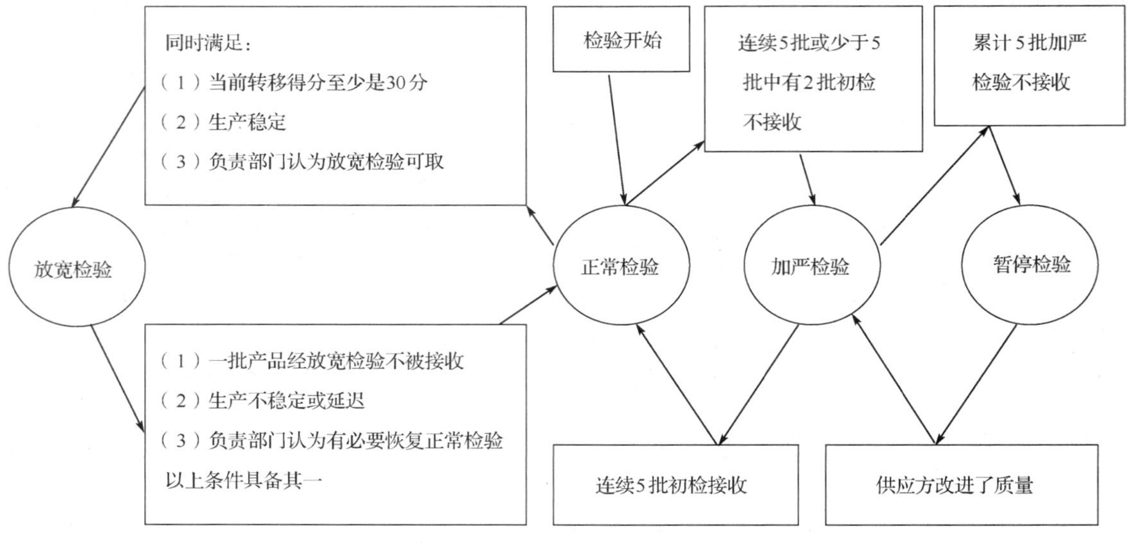

图 5-12　GB/T 2828.1—2012 的转移规则的示意图

其中，转移得分的计算一般是在一开始进行正常检验时进行的，在正常检验开始时，设定转移得分为 0，在检验每个后继的批以后应更新转移得分。

当使用一次抽样方案时，计算方法如下。

（1）当根据给定的条件查得的抽样方案的接收数为 0 或 1 时，如果该批产品被接收，那么转移得分加 2 分，否则应将转移得分重新设定为 0。

案例 5-17　转移得分计算（1）。

某手机充电器生产厂对连续入库的成品充电器进行抽样检验，当使用正常检验一次抽样方案(N,50,0)对产品进行连续验收时，样本的不合格数依次为

0,0,1,0,0,0,0,0,0,0,0,0,0,0,0,0,0,0

转移得分相应为

2,4,0,2,4,6,8,10,12,14,16,18,20,22,24,26,28,30

由此结果可知，下一批产品的检验应使用放宽检验一次抽样方案。

（2）当抽样方案的接收数大于或等于 2 时，若在 AQL 加严一级后该批产品仍被接收，则转移得分加 3 分，否则将其重新设定为 0。

案例 5-18　转移得分计算（2）。

某手机充电器生产厂对连续入库的成品充电器进行抽样检验，规定 AQL=1.0（%）、检验水平为 II、N=1000，查得正常检验一次抽样方案为(N,80,2)，AQL 加严一级为 AQL=0.65（%），此时正常检验一次抽样方案为(N,80,1)，若样本中不合格品数依次为

1,2,1,1,2,1,1,1,0,1,1,0,1

转移得分相应为

3,6,0,3,6,9,12,15,18,21,24,27,30

据此结果可知，下一批产品的检验应使用放宽检验一次抽样方案。

小提示：二次抽样方案和多次抽样方案的转移得分的计算

（1）当使用二次抽样方案时，如果该批在检验第一个样本后被接收，那么转移得分加 3 分；否则应将转移得分重新设定为 0。

（2）当使用多次抽样方案时，如果该批在检验第一个样本或第二个样本后被接收，那么转移得分加 3 分；否则，应将转移得分重新设定为 0。

4. 从放宽检验转到正常检验

在进行放宽检验时，如果出现下面任何一种情况，检验严格程度就必须转回正常检验。

（1）一批产品经放宽检验不被接收。

（2）生产不稳定或延迟。

（3）负责部门认为有必要恢复正常检验。

5. 暂停检验

在加严检验开始后，当累计 5 批经加严检验不被接收时，原则上应暂停检验，只有在采取了改进产品质量的措施并经负责部门同意之后，才能恢复检验。此时，检验应从加严检验开始。

小提示：使用 GB/T 2828.1—2012 的转移规则的注意事项

在使用 GB/T 2828.1—2012 的转移规则时，应注意正常检验转为加严检验的过程是强制执行的，而正常检验转为放宽检验的过程是非强制的。当生产过程的质量变坏时，只有将检验转为加严检验才能保护使用方的利益。

讨论思考：对某产品进行连续验收，当批量 N=500、检验水平为 III、AQL=100（%）时，正常检验一次抽样方案为(500,13,21)，加严检验一次抽样方案为(500,13,18)。若该企业使用正常检验一次抽样方案连续检验 20 批产品，样本中出现的不合格数为 20,21,22,23,20,19,21,20,23,22,20,21,19,20,21,22,23,21,20,21，试讨论该企业使用的抽样方案是否合理？

6. 交检批的处理

对被判定为可接收的批，使用方应整批接收，但使用方有权不接收在样本中发现的任何不合格品，生产方必须对这些不合格品加以修理或用合格品替换。

对不被接收的批可以进行降级、报废（以合格品代替不合格品）处理。负责部门应明确规定对不被接收的批的再检验是采用正常检验还是加严检验，以及再检验是针对产品的所有不合格项还是针对最初造成批不被接收的不合格类型进行的。再检验应在确保不被接收的批的所有产品被重新检测或重新试验，而且确信所有不合格品或不合格项已被校正的基础上进

行。当再次提交检验时应注意，若造成批不被接收的不合格类型的校正会对其他不合格项产生影响，则再检验应针对产品的所有不合格类型进行。

知识梳理与总结

本章主要介绍抽样检验中抽样方案的选取，学习者在学习过程中应注意以下五个方面。

（1）抽样检验的分类。

（2）如何确定抽样检验的 AQL 的取值。

（3）GB/T 2828.1—2012 的使用步骤。

（4）样本的抽取方法。

（5）三种检验严格程度之间的转移规则。

学习检测 5

扫一扫看本章习题答案

一、选择题

1. 抽样检验的检验批由 N 个（　　）组成。

   A．部分产品　　B．单位产品　　C．样本　　D．样本量

2. 在计数型抽样方案中，用（　　）对批做出判断。

   A．样本中含有的合格品数

   B．样本中含有的不合格数或不合格品数

   C．样本中含有的合格数或合格品数

   D．批质量

3. 进行抽样检验是否比进行全数检验更合理，主要考虑（　　）。

   A．检验成本　　B．批量大小　　C．检验耗费的时间

   D．改进工艺的可能性　　E．检验是否具有破坏性

4. 在 GB/T 2828.1—2012 中，规定了抽样检验严格程度的有（　　）。

   A．正常检验　　B．加严检验　　C．特宽检验

   D．放宽检验　　E．暂停检验

5. 在计数型抽样方案的 OC 曲线中，OC 曲线单调（　　）。

   A．递增　　B．递减　　C．上升　　D．增大

6. 对于计数型抽样方案的 OC 曲线，其横坐标表示批不合格品率，纵坐标表示（　　）。

   A．合格品率　　B．不合格品数　　C．任意实数　　D．接收概率

7. 在计数型抽样方案的 OC 曲线中，当批不合格品率减小时，接收概率（　　）。

   A．增大　　B．下降　　C．变小　　D．不变

8. 在抽样检验中，检验批要求的一致条件是指（　　）。

A. 同一收货人　　B. 相同的生产条件

C. 相近的一段生产时间　　D. 同一生产过程

E. 同一运输工具

9. 生产方风险 α 和使用方风险 β 的含义分别是（　　）。

A. 质量好的批被拒收时生产方所承担的风险；质量好的批被拒收时使用方所承担的风险

B. 质量坏的批被拒收时生产方所承担的风险；质量好的批被拒收时使用方所承担的风险

C. 质量坏的批被拒收时生产方所承担的风险；质量坏的批被拒收时使用方所承担的风险

D. 质量好的批被拒收时生产方所承担的风险；质量坏的批被接收时使用方所承担的风险

10. 在一次抽样检验中，在样本中检测出的不合格数大于接收数、小于拒收数，此种情况的处理方法为（　　）。

A. 接收该批　　B. 拒收该批

C. 不能判断，应重抽样　　D. 该情况不可能发生

11. 在计数型二次抽样检验中，在第一个样本中检测出的不合格数大于接收数、小于拒收数，此种情况的处理方法为（　　）。

A. 接收该批　　B. 拒收该批

C. 不能判断，应重新抽样　　D. 检测第二个样本

12. 一个年级有 12 个班，每个班有 50 名学生，对他们随机编号，编号为 1～50。为了了解他们在课外的兴趣，要求每班第 40 号学生留下来，对他们进行问卷调查，这里运用的抽样方法是（　　）。

A. 分层抽样法　　B. 抽签法

C. 随机数法　　D. 系统抽样法

13. 在下列抽样中，最适宜用系统抽样法的是（　　）。

A. 某市的四个区共有 2000 名学生，四个区的学生人数之比是 3:2:8:2，从中抽取 200 人来进行抽样调查

B. 在某厂生产的 2000 件产品中，抽取 5 个作为样本进行检验

C. 在某厂生产的 2000 件产品中，抽取 200 个作为样本进行检验

D. 在某厂生产的 20 件产品中，抽取 5 个作为样本进行检验

14. 在整群抽样法中，群的划分标准是（　　）。

A. 群的划分应使群间的差异尽可能小，群内的差异尽可能大

B. 群的划分应使群间的差异尽可能大，群内的差异尽可能小

C. 群的划分应使群间的差异尽可能大，群内的差异尽可能大

D. 群的划分应使群间的差异尽可能小，群内的差异尽可能小

15. 整群抽样法的主要特点是（　　）。

A. 方便　　B. 经济

C. 可以使用简单的抽样框　　D. 特定场合中具有较高的精度

16. 影响 OC 曲线的主要因素有（　　）。

A．批量 N　　B．样本量 n

C．批不合格品率 p　　D．接收质量限 AQL　　E．接收数 Ac

17. 在下列因素中，对 OC 曲线形状影响最小的是（　　）。

A．批量 N　　B．样本量 n

C．接收数 Ac　　D．批不合格品率 p

18. 为了检查某超市货架上的奶粉是否含有三聚氰胺，要在编号依次为 1～50 的袋装奶粉中抽取 5 袋进行检验，用在每部分中选取的号码间隔一样的系统抽样方法选取的 5 袋奶粉的编号可能是（　　）。

A．5,10,15,20,25　　B．2,4,8,16,32

C．1,2,3,4,5　　D．7,17,27,37,47

19. 某学校有 160 名教职工，其中教师 120 名，行政人员 16 名，后勤人员 24 名，为了了解教职工对学校的校务公开方面的工作的意见，拟抽取一个容量为 20 的样本，应该用（　　）。

A．分层抽样法　　B．抽签法

C．随机数法　　D．系统抽样法

20. 下列抽样方法是简单随机抽样的是（　　）。

A．在某年的明信片销售活动中，规定每 100 万张为一个开奖组，通过随机抽取的方式确定号码的后四位是 2709 的明信片为三等奖

B．某车间包装一种产品，在自动包装传送带上，每隔 30min 抽一包产品，称其重量是否合格

C．某学校分别从行政人员、教师、后勤人员中抽取 2 人、14 人、4 人了解学校机构改革的意见

D．从 10 件产品选取 3 件进行质量检验

二、分析题

1. 某产品有 5 项质量特性，根据其重要程度不同将它们分为 A、B、C 3 类不合格。对批量为 2000 件的产品进行全数检验，发现 5 个产品有不合格项，结果如下。

产品编号	A 类不合格数	B 类不合格数	C 类不合格数
3	1	0	2
7	0	1	1
12	1	1	0
19	0	1	2
20	0	0	3

分析：

（1）其中 C 类不合格品数为_______。

（2）每百单位产品 C 类不合格数为_______。

（3）B 类不合格品率为_______。

2. 在产品标准中应用 GB/T 2828.1—2012 时，应规定哪些指标？

3. 某公司的函数信号发生器的出厂检验采用 GB/T 2828.1—2012，规定 AQL=1.0（%），检验水平为Ⅱ，求 N=800 时的正常检验一次抽样方案。

4. 已知提交检验的产品的每批批量 N=1000，采用检验水平Ⅱ和正常检验一次抽样方案进行检验，检验的主要性能指标为 a、b、c 3 个项目，现确定 a 的参数中 AQL=1.0（%），b 的参数中 AQL=0.1（%），c 的参数中 AQL=0.01（%），试利用 GB/T 2828.1—2012 进行抽样检验。

5. 有人说：检验水平越低，样本量越小；而检验费用由生产方负担，样本量越小，从检验费用这个角度来说，对生产方越有利；此时，对单批误判的概率高，质量控制程度稍差，在使用方同意的前提下，检验水平越低越好。这种说法对不对？为什么？

6. 对批量为 4000 的某产品，采用 AQL=1.5（%）、检验水平为Ⅲ的正常检验一次抽样方案，连续 25 批的检验记录如下表所示，试分析检验的宽严调整。

批号	抽样方案				检验结果	
	N	n	Ac	Re	d	结论
1	4000	315	10	11	7	接收
2	4000	315	10	11	2	接收
3	4000	315	10	11	4	接收
4	4000	315	10	11	11	不接收
5	4000	315	10	11	9	接收
6	4000	315	10	11	4	接收
7	4000	315	10	11	7	接收
8	4000	315	10	11	3	接收
9	4000	315	10	11	2	接收
10	4000	315	10	11	12	不接收
11	4000	315	10	11	8	接收
12	4000	315	10	11	11	不接收
13	4000	315	8	9	7	接收
14	4000	315	8	9	8	接收
15	4000	315	8	9	4	接收
16	4000	315	8	9	9	不接收
17	4000	315	8	9	3	接收
18	4000	315	8	9	5	接收
19	4000	315	8	9	3	接收
20	4000	315	8	9	1	接收
21	4000	315	8	9	6	接收
22	4000	315	10	11	7	接收
23	4000	315	10	11	2	接收
24	4000	315	10	11	5	接收
25	4000	315	10	11	3	接收

第6章 品质管理七大手法

教学导航

知识重点	（1）层别法的分层方法；（2）检查表的应用与分析；（3）直方图的制作与分析；（4）控制图的制作与分析；（5）因果图的制作与分析；（6）排列图的制作与分析；（7）散布图的制作与分析
知识难点	（1）直方图的应用与分析；（2）控制图的制作与分析；（3）几种质量工具之间的结合应用
推荐教学方式	案例教学和分组教学相结合，老师通过实际案例讲解七种品质管理工具的应用，使学生掌握这七种工具的应用与分析方法，最后引导学生组成QC小组，使他们运用所学工具分析质量问题
建议学时	8学时

6.1　品质管理七大手法的由来

二战后，日本受到国际制裁，因此其经济发展受到了制约。为扭转困境，日本确定了以质量为中心的救国国策。在美国质量管理专家戴明博士的指导下，许多日本质量管理专家致力于研究统计方法的简化。其中最为著名的就是石川馨博士，他在 1949 年应日本科学与工程技术联盟（JUSE）之邀，加入质量管理研究小组，从事质量管理和统计方法应用领域的前沿工作。之后，在大约 40 年的时间中，他一直全身心地致力于这一领域的研究工作，并努力协助全世界的专业机构、学术组织及产业部门运用质量管理理论。品质管理方法及工具也是在那一时期产生的，这些方法及工具至今仍然是企业内部进行质量控制的基本方法，也是人们进行全面质量管理的基本手段。

品质管理方法有十四种，分为老七种和新七种，都是由日本人总结出来的，老七种通常称为品管七大手法或老 QC（Quality Control）七工具，由石川馨博士整理发表。为了区别于老七种，新七种通常称为品管新七大手法或新 QC 七工具，由日本的水野滋和近藤良夫整理得到。之所以人们称之为“七种工具”，是因为日本古代武士在出阵作战时，经常携带七种武器，所谓七种工具就是沿用了七种武器的说法。当然，有用的质量统计管理工具不只有这十四种。

老 QC 七工具主要有层别法、检查表、因果图、柏拉图、散布图、直方图、控制图，通常将其称为一表一法五图。老 QC 七工具运用统计学的方法解决企业在生产过程中的质量问题，并对生产过程的质量进行控制和改进。人们通过运用这些工具，可以从经常变化的生产过程中系统地收集与产品质量有关的各种数据，并用统计方法对数据进行整理、加工和分析，进而画出各种图表，计算某些数据指标，并从中找出质量变化的规律，实现对质量的控制。老 QC 七工具可以起到事后改善的作用。

新 QC 七工具包括关联图、亲和图、系统图、矩阵图、矩阵数据解析法、PDPC 法（过程决策程序图）、箭条图。它们通过较便捷的手法解决一些管理上的问题，主要起到预防作用。与原来的老 QC 七工具相比，新 QC 七工具主要应用于中高层管理，而老 QC 七工具主要应用于具体的实际工作中。因此，新 QC 七工具应用于一些管理体系比较严谨和管理水准比较高的公司。相对地，新 QC 七工具在世界上的推广应用远不如老 QC 七工具，也从未成为顾客审核的重要依据。

所谓新老只是按时间来说的，并不意味着新的就比老的好用。老 QC 七工具主要形成于 1952—1954 年，新 QC 七工具主要形成于 1972—1979 年。本章主要介绍老 QC 七工具。新老 QC 工具的名称及作用如表 6-1 所示。

表 6-1　新老 QC 七工具的名称及作用

老 QC 七工具	作　用	新 QC 七工具	作　用
检查表	对事实粗略地进行整理分析	关联图	可以同时分析多个问题的原因
层别法	对数据适当地进行归类整理	系统图	将问题→原因、目的→手段进行多级展开
柏拉图	从众多问题中找出主要问题	亲和图	对模糊的原始信息进行综合梳理

续表

老QC七工具	作　用	新QC七工具	作　用
因果图	分析影响结果的主要原因	矩阵图	找出成对因素间的相互关系
散布图	分析原因与结果的相关关系	箭条图	明确计划和项目之间的结果和关联，找出它们并进行优化
直方图	分析过程的分布状况	PDPC法(过程决策程序图)	针对事态的进展，预测可以考虑到的结果
控制图	监控过程的异常波动	矩阵数据解析法	将多个变量化为少数综合变量

6.2 层别法

在实际质量工作中，人们经常会发现产品的某些质量特性会因时间、地点、人物、设备、材料、加工方法、生产环境等因素的不同而存在差异性。如果在搜集数据时将这些因素加以注明，一旦有不合格（或不合格品）产生，很可能只是其中的一种因素（原料或人或机台）出现问题，那么检验人员就可快速找到问题所在。

石川馨先生曾多次强调："不对数据进行分层，就不能搞好质量管理。"

1. 层别法的概念

层别法就是一种将搜集来的原始质量数据按照设备类别、产品类别、方法类别、时间类别等进行分类，通过一层层的对比分析发现真正的问题所在的方法。通常把分类整理时划分的组称为层，故分层就是分门别类，即分组。层别法也叫作分类法、分组法或分层法。

2. 分层的作用

分层的作用是将杂乱无章和错综复杂的数据按照不同的目的、性质、来源等项目分类整理，使之系统化、条理化。采用该方法得到的结果能更确切地反映出数据所代表的客观事实，便于人们查明产品质量波动的实质性原因和变化规律，以便对症下药采取措施、解决问题。

3. 层别法的分层方法

在运用层别法对数据分层时，通常可以按时间、作业人员、设备、材料、作业条件、生产线等项目进行分层，如表 6-2 所示。

表 6-2　层别法的分层方法

分层项目	具体内容
以时间分层	小时、上午、下午、白天、夜晚、日期、周、月、季度
以作业人员分层	作业员、男、女、年龄、岗龄、班次、新人、熟练工
以设备分层	机器设备、型号、新旧、生产线、工具夹
以材料分层	供货商、产地、批号、零件批次、化学成分

续表

分 层 项 目	具 体 内 容
以作业条件分层	作业场所、温度、速度、检查方法、照明条件
以生产线分层	A 生产线、B 生产线、C 生产线

案例 6-1　某发动机厂装配车间在对新产品进行小批试生产时，出现气缸体与气缸盖间经常漏油的情况。通过对 50 套产品进行调查，发现漏油率达 38%，并发现以下两种情况。

（1）三个操作者涂黏合剂的操作方法不同。

（2）生产气缸垫的厂家不同。

方法一：按操作者分层的情况如表 6-3 所示。

表 6-3　按操作者分层的情况

操作者	漏油	不漏油	漏油率/%
王师傅	6	13	32
李师傅	3	9	25
张师傅	10	9	53
共　计	19	31	38

方法二：按生产厂家分层的情况如表 6-4 所示。

表 6-4　按生产厂家分层的情况

供应厂	漏油	不漏油	漏油率/%
A 厂	9	14	39
B 厂	10	17	37
共　计	19	31	38

将方法一和方法二进行实际比较得到的结果是：为降低漏油率，应采用李师傅的操作方法。但是如果将两种因素进行交叉分层，又会得出新的结论。

方法三：两种因素交叉分层的情况如表 6-5 所示。

表 6-5　两种因素交叉分层的情况

操作者	漏油情况	气缸垫生产厂		合计
		A 厂	B 厂	
王师傅	漏油	6	0	6
	不漏油	2	11	13
李师傅	漏油	0	3	3
	不漏油	5	4	9
张师傅	漏油	3	7	10
	不漏油	7	2	9
合计	漏油	9	10	19
	不漏油	14	17	31
合计		23	27	50

通过交叉分层分析得出新的结论：在不采取别的措施的情况下，对A厂的气缸垫用李师傅的方法涂黏合剂，对B厂的气缸垫用王师傅的方法涂黏合剂，这样就能将漏油现象出现的次数降到最低。

讨论思考：某公司6月的总生产量为10000台，成品合格率为95%，生产过程中有4台设备进行生产，共有A、B、C3个班次运行。如果对本月的生产量和合格率进行分析，请问可以有几种层别法？

还能举一些我们在日常生活中运用层别法的实例吗？

小提示：应用层别法的注意事项

（1）分层的原则是使同一层内的数据波动幅度尽可能小，使层与层之间的差别尽可能大。

（2）在实施层别法前，首先确定层别的目的，比如是要做不良率分析、效率提升分析，还是要做作业条件确认分析等，这样在数据收集阶段才能有的放矢。

（3）对数据表的设计应针对怀疑的对象进行。

（4）对于数据的性质分类，应清晰并详细地记录下来。

（5）根据各种可能的原因运用层别法分层，直至找出真正影响质量的因素。

6.3 检查表

检查表是老QC七工具中最简单也是人们使用得最多的手法。它是利用统计表整理数据和分析初步原因的一种工具，其形式多种多样。这种方法不仅简单，而且实用有效，主要用于记录或点检。

1. 检查表的概念

检查表又称调查表、统计分析表等。该方法用容易理解的方式将简单的数据制成图形或表格，必要时标上检查记号，并加以统计整理，使图表成为进一步分析或核对检查的依据，如考勤表、满意度调查表、会议签到表等。

检查表可用于数据分析，也可用于非数据分析。例如，会议签到表就是一种非数据分析的签到表。用于质量控制的检查表通常有不合格品项目检查表、不良原因检查表和缺陷位置检查表等。

2. 检查表的用途及适用范围

（1）用途：①为了有效地解决问题、掌握事实真相，需要利用检查表将数据收集起来；②避免观察与分析同时进行；③用记录代替记忆，使观察更加深入，避免在收集资料时使情绪文字叙述等不明确因素混入；④为应用排列图、直方图、控制图、散布图等工具及方法做准备性的工作；⑤为寻找解决问题的原因、对策广泛征求意见等。

（2）适用范围：检查表适用于各种需要分类收集数据的情况，如选择小团队活动课题、小团队活动现状调查。

3. 检查表的类型

一般而言，检查表可根据其工作的目的或种类分为下述两种。

（1）点检用检查表：其主要功用在于确认作业执行、设备仪器保养维护的实施状况，以及预防事故发生、确保使用时的安全，或者防止作业中有疏忽或遗漏，如教育训练检查表、设备保养检查表、行车前车况检查表等。案例 6-2 中的表 6-6 为某公司的安全生产日常点检表。

（2）记录用检查表：其主要功用在于根据收集的数据调查不良项目、不良原因、工序分布、缺陷位置等情况。此类检查表通常将数据按若干项目分类，将符号或数字记录作为分析问题、掌握事实及改善产品的根据。案例 6-3 中的表 6-7 为缺陷项目检查表，案例 6-4 中的表 6-8 为产品缺陷位置检查表。

案例 6-2　某公司的安全生产日常点检表如表 6-6 所示。

表 6-6　某公司的安全生产日常点检表

XXX 有限公司班组安全生产日常检查表						
部门/车间：		日期：×× 月 ×× 日至 ×× 月××日				
点检内容		周一	周二	周三	周四	周五
班前检查	1、安全通道是否畅通					
	2、设备状况是否良好，有无异常情况					
	3、生产作业场所有无不安全因素					
	4、布置工作时，有没有强调安全事项					
班中检查	5、工作中是否按规定佩戴劳动防护用品					
	6、工作中有无物品摆放凌乱、占用安全通道等行为					
	7、员工有无野蛮操作和三违行为，有无串岗、离岗等行为					
	8、设备有无超温、超压、超负荷运转现象					
	9、员工在工作中或工作间隙是否有踩踏、坐、倚、靠在设备上的行为					
班后检查	10、工作完成后是否及时切断电源、气源、水源、门窗等					
	11、工作收尾是否彻底，有无物品或危险源遗留					
	12、是否做好工作记录或交接班记录					
点检人						
备注：有问题或异常打“×”，无问题打“√”，有问题或异常及发现安全隐患时，要另行做好记录						

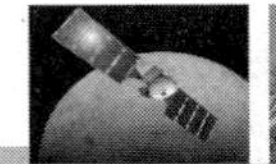

案例 6-3 缺陷项目检查表如表 6-7 所示。

表 6-7 缺陷项目检查表

缺陷项目	缺陷频数	小计
表面发花	////////////////////	20
沙眼	///////////////	15
成型不良	//////////	10
加工不良	//////////////////////////////	30
变形	/////	5
其他	//////////	10
合计		90

案例 6-4 产品缺陷位置检查表如表 6-8 所示，该产品的示意图如图 6-1 所示。

表 6-8 产品缺陷位置检查表

产品缺陷位置检查表		
位置	划痕数统计	计数（件）
A 面	正正正正	20
B 面	正	5

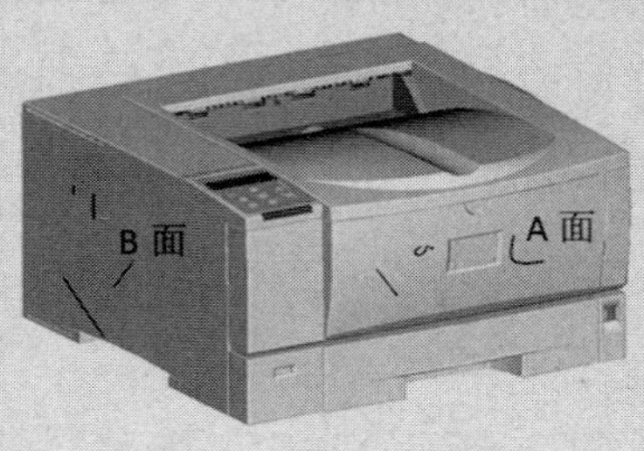

图 6-1 案例 6-4 的产品示意图

4. 检查表的制作步骤

（1）确定检查的项目。
（2）确定检查的频率。
（3）确定检查的人员及方法。
（4）确定相关条件的记录方式，如作业场所、日期、工程等。
（5）确定检查表的形式（图形或表格）。
（6）确定检查记录的符号，如正、+、△、*、○等。

5. 检查表注意事项

（1）应尽量取得分层的信息。
（2）应尽量简便地取得数据。
（3）应与措施结合。应事先规定当数据为何种情况时，检验人员发出警告、停止生产或向上级报告。

（4）如果检查项目是很久以前制定且现已不适用的，那么必须重新研究和制定检查项目。

（5）通常情况下归类类别中不能出现“其他问题”类。

> **小提示：**检查表应具有可操作性和可追溯性
>
> （1）一份检查表在实际运用中的记录用时不应超过 1min，在记录一份检查表时，若记录内容较多、耗费时间较长，则容易出现数据虚假、记录错误、信息不准确等问题。（可操作性）
>
> （2）一份检查表的保存时限必须是明确的，以便于之后对原始数据进行查询和追溯。（可追溯性）

6.4　直方图

扫一扫看本章教学课件 2

在质量管理中，直方图通过对收集到的貌似无序的数据进行图表化处理来反映产品质量的分布情况，并判断和预测产品质量及不合格率。

1. 直方图的概念

直方图是对定量数据的分布情况的一种图形表示，它由一系列矩形（直方柱）组成。用横坐标标注质量特性的测量值的分组值，用纵坐标标注频数值，各组的频数用直方柱的高度表示，这样就制作出了直方图。图 6-2 为表示学生身高分布的直方图。

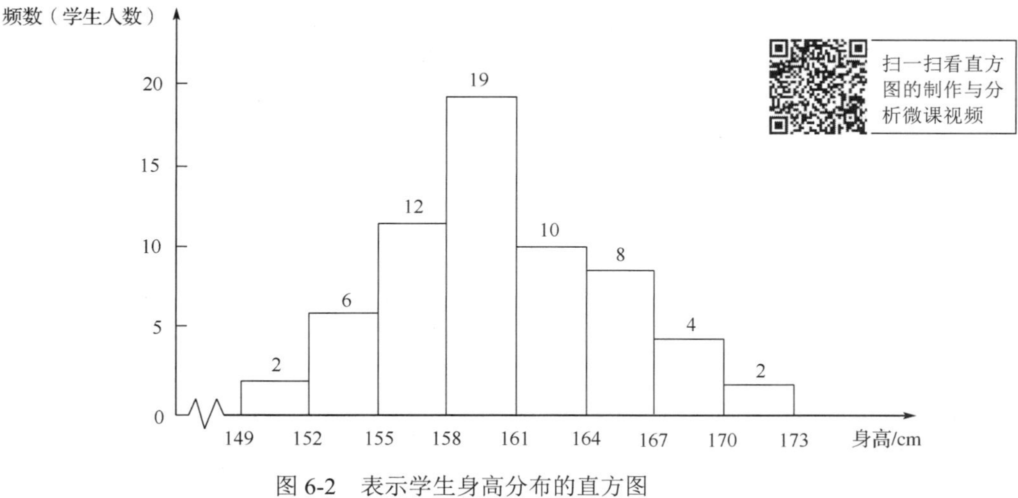

图 6-2　表示学生身高分布的直方图

2. 直方图的作用及适用范围

（1）作用：①直方图可以形象地显示过程的波动，人们可通过它来判断生产过程的质量是否稳定，了解产品质量特性的分布状况、平均水平和分散程度；②人们可通过直方图判断工序是否正常、工序能力是否满足需要，并通过它提供证据；③人们可通过对直方图分布中

心与公差范围进行比较，为进一步分析质量问题产生的原因、寻求和制定提高产品质量的改进措施、确定如何进行质量改进提供前提条件。

（2）使用范围：直方图可用于整理数据、调查工序能力、研究质量分布等工作中。

表 6-9 中的几种直方图反映了生产过程是否稳定。

表 6-9　反映生产过程的稳定情况的直方图

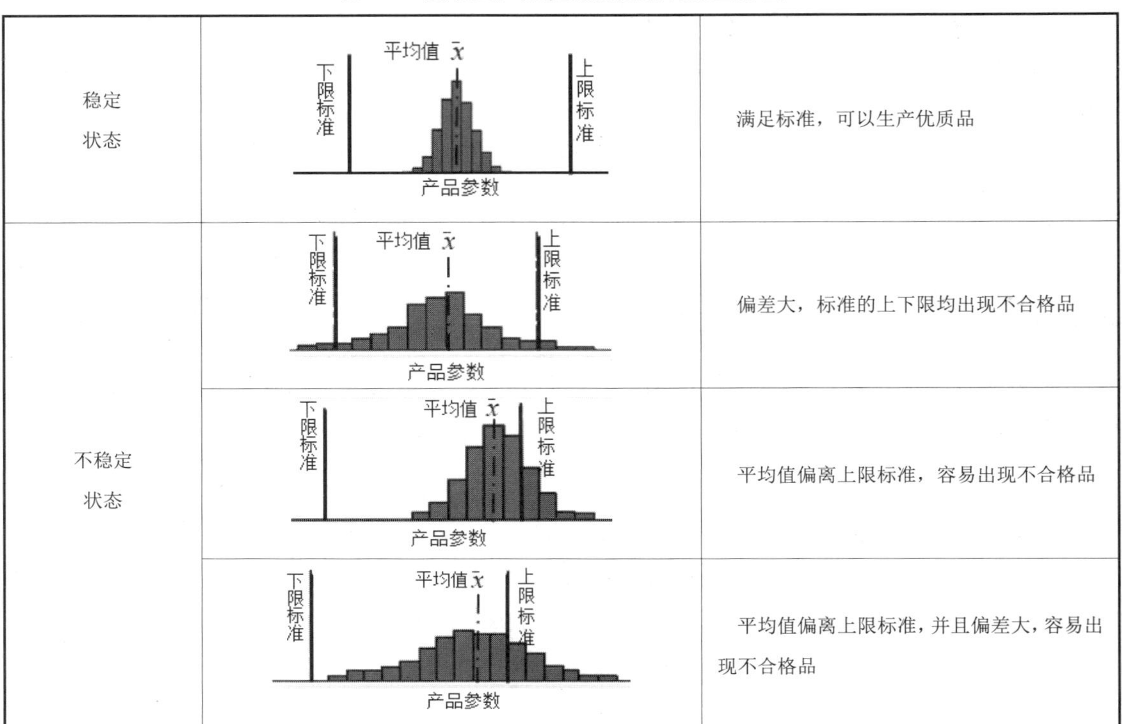

稳定状态	下限标准　平均值 $\bar{x}$　上限标准　产品参数	满足标准，可以生产优质品
不稳定状态	下限标准　平均值 $\bar{x}$　上限标准　产品参数	偏差大，标准的上下限均出现不合格品
	下限标准　平均值 $\bar{x}$　上限标准　产品参数	平均值偏离上限标准，容易出现不合格品
	下限标准　平均值 $\bar{x}$　上限标准　产品参数	平均值偏离上限标准，并且偏差大，容易出现不合格品

3. 直方图的制作方法（步骤）

直方图的制作方法主要有以下 8 个步骤。

（1）收集数据。

（2）确定数据的极差（R）：组距（R）=最大值（L）−最小值（S）。

（3）确定组数（K）：组数跟收集到的数据的多少有关，通常数据个数与分组个数的关系如表 6-10 所示。

表 6-10　直方图分组组数选用表

测定数	50 以下	51～100	101～250	250 以上
组数	5～7	6～10	7～12	10～20

（4）确定组距（C）：组距（C）=极差（R）÷组数（K），它通常是 2.5 或 10 的倍数。

（5）确定各组的界值：

最小一组的下组界=最小值−测量值的最小单位×0.5；

最小一组的上组界=最小一组的下组界+组距；

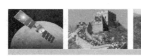

最小二组的下组界=最小一组的上组界；

最小二组的上组界=最小两组的下组界+组距；

以此类推，确定各组的组界值。

（6）计算各组中心值：各组中心值=(各组上组界+各组下组界)÷2。

（7）编制频数分布表：统计在收集到的数据中落入各组的数据个数；

（8）制作直方图：横轴表示测量值的变化，纵轴表示数据个数，将各组的组界标示在横轴上，落入各组数据的个数通过柱形的高低来表示。

请同学们谈一谈日常见过的直方图有哪些。

案例 6-5　直方图的制作与分析。

某工厂加工的一种镀的膜厚度在 130μm 到 180μm 之间，为了查看加工过程是否稳定，检验人员测量了一组镀膜厚度数据，其数值如下：138,146,161,168,146,150,158,138,173,135,164,140,126,142,145,132,125,147,148,174,129,147,153,142,156,144,149,157,136,152,144,163,154,165,135,140,135,150,145,128。测量单位为 μm，请制作直方图并分析质量特性的分布情况，判断加工过程是否稳定。

解：

（1）测定值的数量：n=40。

（2）极差：R=174−125=49。

（3）确定组数：参考表 6-10，将组数定为 K=5。

（4）确定组距：$C=R \div K=49 \div 5 \approx 10$。

（5）确定各组的界值：

最小一组的下组界=125−1×0.5=124.5。

最小一组的上组界=124.5+10=134.5。

最小二组的上组界=134.5+10=144.5。

之后各组的上组界依次为 154.5,164.5,174.5。

（6）计算各组中心值：经计算，各组的中心值依次为 129.5,139.5,149.5,159.5,169.5。

（7）编制频数分布表，如表 6-11 所示。

表 6-11　案例 6-5 的频数分布表

组号	区间	组中值	频数统计	频数
1	(124.5,134.5]	129.5	/////	5
2	(134.5,144.5]	139.5	/////////////	13
3	(144.5,154.5]	149.5	////////////	12
4	(154.5,164.5]	159.5	//////	6
5	(164.5,174.5]	169.5	////	4

（8）制作直方图，如图 6-3 所示。

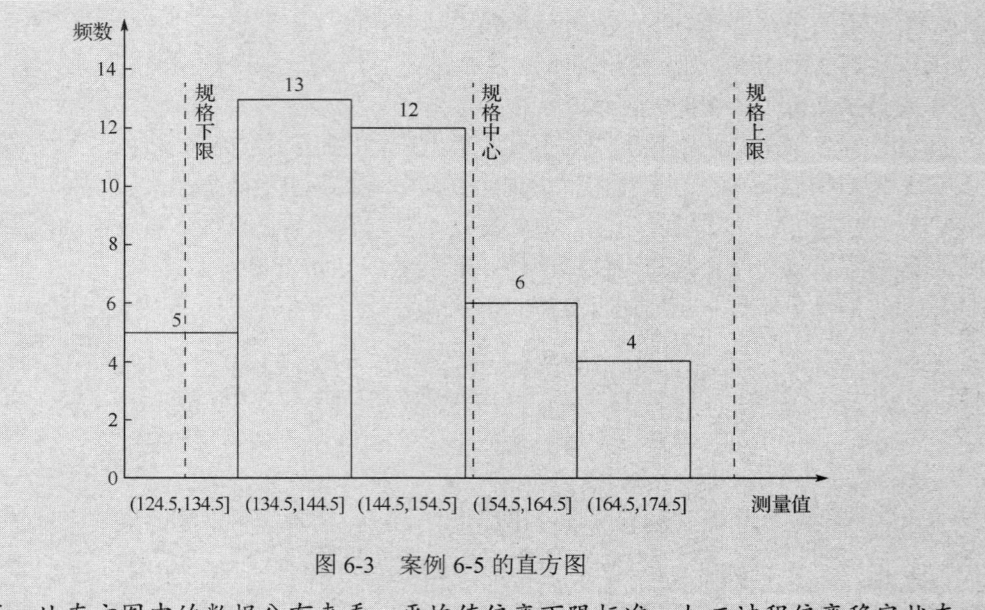

图 6-3　案例 6-5 的直方图

分析：从直方图中的数据分布来看，平均值偏离下限标准，加工过程偏离稳定状态。

4. 直方图的常见形态及分析判断

直方图通常有标准型、锯齿型、偏峰型、陡壁型、平顶型、双峰型、孤岛型七种常见形态，只有标准型的直方图能说明质量特性分布正常，生产过程稳定，其他形态的直方图说明生产过程已经不稳定，需要根据具体情况确定原因。直方图的七种常见形态及原因如表 6-12 所示。

表 6-12　直方图的七种常见形态及原因

直方图形态	名　称	分 析 判 断
	标准型	数据的平均值与最大值和最小值的中间位置相同或接近，平均值附近的数据的频数最多，频数从中间向两边缓慢下降，以平均值位置为轴左右对称，这种形状最常见
	锯齿型	该情况是由数据分组过多或测量数据不准、误差过大等原因引起的
	平顶型 （高原型）	当几种平均值不同的分布混在一起，或生产过程中的某种要素缓慢变化时（如刀具磨损），这种形状经常出现
	偏峰型	在该类直方图中，数据的平均值位于中间值的左侧（或右侧），从左至右（或从右至左）的数据分布的频数增加后突然减少，形状不对称；它主要是由工艺规定的公差范围过宽引起的

续表

直方图形态	名　称	分 析 判 断
	陡壁型	在该类直方图中，平均值远远左离（或右离）直方图的中间值，频数自左至右减少（或增加），直方图不对称；当工序能力不足，为找出符合要求的产品对其进行全数检查时，或当过程中存在自动反馈调整时，这种形状经常出现
	双峰型	在该类直方图中，靠近直方图中间值的频数较少，两侧各有一个峰，当把材料不同、加工者不同、操作方法不同、设备不同的两批产品混在一起时，这种形状经常出现
	孤岛型	该类直方图的形状是在标准型的直方图的一侧有一个“小岛”；出现这种形状可能是因为该直方图的数据中夹杂了其他分布的少量数据，具体情况如工序异常、测量错误或混有另一分布的少量数据

小提示：

（1）用直方图分析质量数据时，分组不当也会造成判断错误。

（2）直方图的组距通常确定为 2.5 或 10 的倍数。

6.5　控制图

扫一扫看本章教学课件 3

6.5.1　控制图的作用与分类

控制图是在 1924 年由美国品管大师休哈特（W.A.She-whart）博士发明的。

控制图又称管制图，它是一种有控制界限的图，是通过对生产过程中各特性值进行测定、记录来评估和监察生产过程是否处于控制状态的一种用统计方法设计的图。人们利用它可以及时发现并消除生产和工作过程中的失控情况，还可以区分引起质量波动的原因是偶然的还是系统的。

控制图的基本结构是在直角坐标系中画三条平行于横轴的直线，中间一条实线为中心线 CL（Center Line），上、下两条虚线分别表示控制上限 UCL（Upper Control Line）、控制下限 LCL（Lower Control Line），如图 6-4 所示。横轴表示按一定时间间隔抽取的样本编号或取样时间。纵轴表示根据样本计算的、表达某种质量特性的统计量的数值，它们在图上的描点为一连串的数据点，这些点可以用线段连接起来。

1. 控制图的作用

控制图是对生产过程中的产品质量状况进行实时监控的统计工具，是质量控制中最重要的方法。过程控制的宗旨是以预防为主，减少变化，并避免浪费。控制图的作用主要体现在以下几个方面。

（1）控制生产过程。通过应用控制图，人们能及时发现生产过程中的异常现象和缓慢变

异，并对生产过程加以改进，使它处于稳定状态，以预防不合格品的产生。

（2）分析以往数据。人们利用控制图可以对以往数据进行分析，了解生产过程状态，从以往的数据中找出产生不合格品的原因，提出改进措施。

虽然质量变异不能完全被消灭，但控制图是减少质量变异的有效手段。

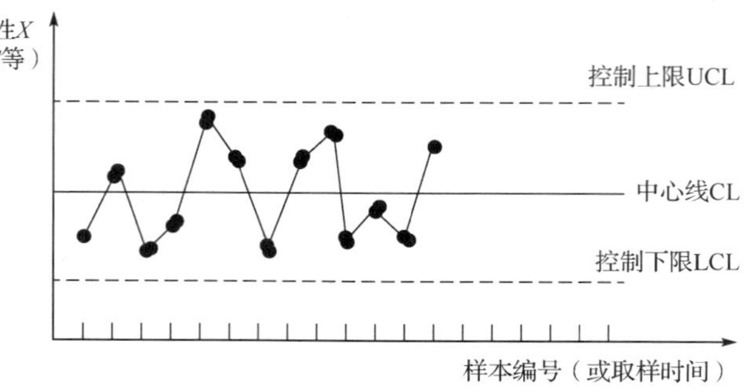

图 6-4　控制图的基本结构

2．控制图的分类

控制图可以按照两种方式来进行分类，一种按控制图的使用目的分类，另一种根据控制图考察的质量特性的性质分类。

1）按控制图的使用目的分类

根据控制图的使用目的，控制图可以分为分析用控制图和控制用控制图。

分析用控制图主要用于对质量数据和过程进行分析、研究生产设备或工序的状态、分析工序是否处于稳定状态及过程能力指数是否能够满足要求。分析用控制图主要应用在过程参数未知的状态下。

控制用控制图主要用于检查已经处于稳定状态的工序是否出现异常，以防止出现不合格。

分析用控制图与控制用控制图的使用阶段如图 6-5 所示。

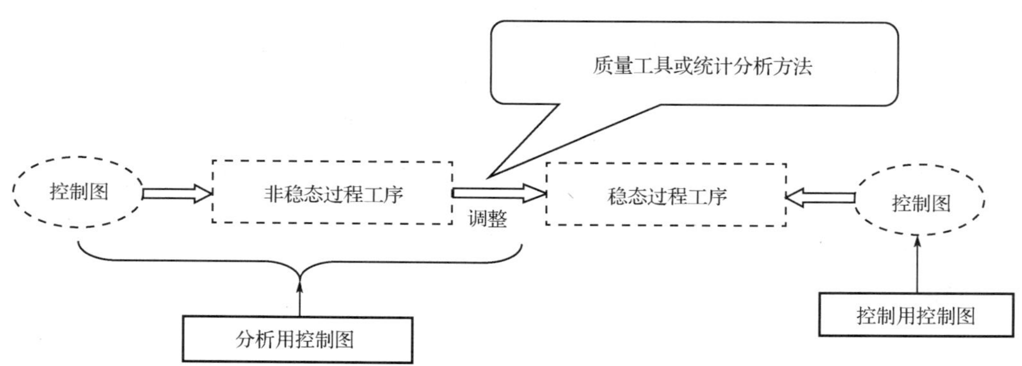

图 6-5　分析用控制图与控制用控制图的使用阶段

2）根据质量特性的性质分类

根据控制图考察的质量特性的性质是计量的还是计数的（包括计件和计点），以及所采用的统计量的不同，控制图可以分为两大类，即计量值控制图和计数值控制图，如表 6-13 所示。

表 6-13　根据质量特性的性质确定的控制图特点

<table>
<tr><th colspan="2">数据种类</th><th>控制图名称</th><th>控制图符号</th><th>数据分布</th><th>特　点</th><th>备　注</th></tr>
<tr><td colspan="2" rowspan="4">计量值</td><td>均值-极差控制图</td><td>$\bar{X}$-R</td><td rowspan="4">正态分布</td><td>最常用，计算工作量较大，但效果较好，便于现场使用</td><td>适用于产品批量较大且稳定正常的工序</td></tr>
<tr><td>均值-标准差控制图</td><td>$\bar{X}$-S</td><td>便于判断工序是否异常，精度高，但计算工作量大</td><td>当 $n>10$ 时可用此图</td></tr>
<tr><td>中位数-极差控制图</td><td>$\tilde{X}$-R</td><td>计算简单，使用方便，但效果较差</td><td>适用于产品批量较大且稳定正常的工序</td></tr>
<tr><td>单值-移动极差控制图</td><td>X-R_S</td><td>简便省事，并能及时判断工序是否处于稳定状态，但不易发现工序分布中心的变化</td><td>由于各种原因每次只能得到一个数据；希望尽快发现并消除特殊原因</td></tr>
<tr><td rowspan="4">计数值</td><td rowspan="2">计件值</td><td>不合格品数控制图</td><td>np</td><td rowspan="2">二项式分布</td><td>较常用，计算简单，易于操作工人理解</td><td>样本容量相等</td></tr>
<tr><td>不合格品率控制图</td><td>p</td><td>最常用，计算量大，管理界限凹凸不平（需要修正）</td><td>样本容量可以不相等</td></tr>
<tr><td rowspan="2">计点值</td><td>不合格（缺陷）数控制图</td><td>c</td><td rowspan="2">泊松分布</td><td>较常用，计算简单，易于操作工人理解，使用简便</td><td>样本容量（面积或长度）相等</td></tr>
<tr><td>单位不合格（缺陷）数控制图</td><td>u</td><td>计算量大，管理界限凹凸不平（需要修正）</td><td>样本容量（面积或长度）不相等</td></tr>
</table>

小提示：

计量值控制图所依据的数据均是由测量工具实际测量出来的数据，如长度、重量等控制特性，这些数据具有连续性。

计数值控制图所依据的数据均以单位个数或次数计算。

6.5.2　控制图的设计原理

控制图是基于正态分布的原理设计的。正态分布的两个重要参数是均值 μ 和标准差 σ，若均值 μ 增大或减小，标准差 σ 不变，正态分布曲线只会左右移动，正态分布曲线的形状不会发生改变，如图 6-6 所示。若均值 μ 不变，标准差 σ 增大或减小，正态分布曲线的形状会发生变化（变高变瘦、变矮变胖），但正态分布的数据中心不会改变，如图 6-7 所示。

在质量管理中，标准差 σ 反映了质量的好坏，σ 越小，质量的一致性越好，σ 越大，质量数据越分散。正态分布有一个显著特性，就是对于生产正常的产品来说，无论均值和方差怎么变化，其质量数据落在$(\mu-3\sigma, \mu+3\sigma)$的概率为 99.73%，落在$(\mu-3\sigma, \mu+3\sigma)$之外的概率为 100%−99.73%= 0.27%，而超过一侧，即横坐标值大于$(\mu+3\sigma)$或小于$(\mu-3\sigma)$的概率为 0.27%/2=0.135%≈1‰，这就是正态分布的 3σ 原理，休哈特根据这一事实发明了控制图。

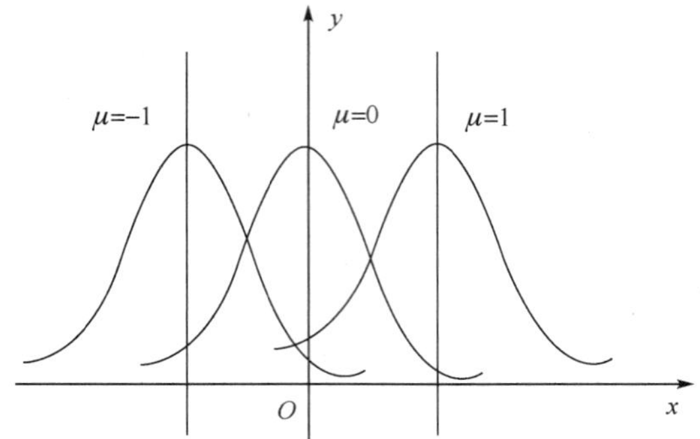

图 6-6 均值变化时正态分布曲线的变化

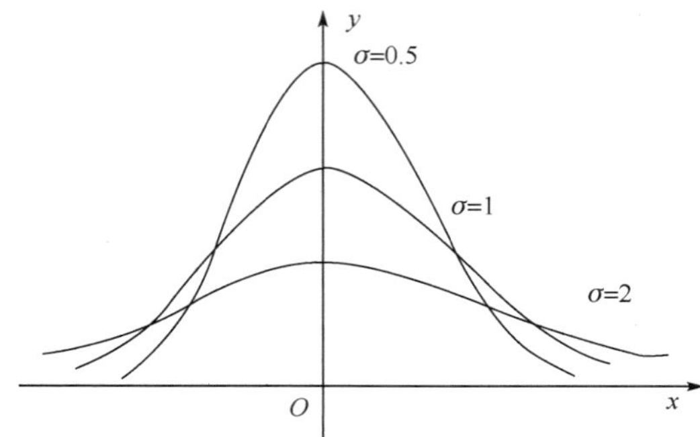

图 6-7 标准差变化时正态分布曲线的变化

把带有 $\mu \pm 3\sigma$ 的正态分布曲线顺时针旋转 90° 后，再上下翻转 180°，就可得到控制图的基本结构，如图 6-8 所示。

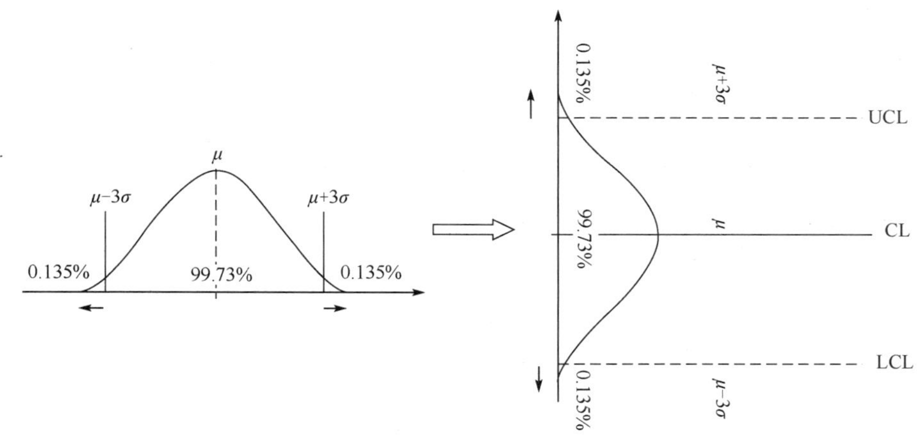

图 6-8 控制图演变

扫一扫看控制图的制作与分析微课视频

6.5.3 计量型控制图

当从一个过程中得到测量值时，计量型控制图是一种有用的工具。计量型控制图可以利用离散程度（每个产品之间变异）和位置（过程平均）来判断过程的状态。本书重点讲解计

量型控制图中的均值-极差控制图。

1．均值-极差控制图的制作（$\bar{X}$ - R 控制图）

均值-极差控制图是控制图在过程控制中的典型应用，这种控制图在企业中的应用是最普遍的，而且适用范围广，灵敏度高。对于计量数据而言，均值-极差控制图是最常用、最基本的控制图。它适用于控制对象为长度、重量、强度、纯度、时间等计量值的场合。均值（$\bar{X}$）控制图主要用于观察正态分布的均值的变化，极差（R）控制图主要用于观察正态分布的分散或变异情况的变化，而均值-极差（$\bar{X}$ - R）控制图将两者联合运用，可用于观察正态分布的变化。

1）收集数据

（1）确定子组大小，简单来说就是确定每组产品的数量。若对子组大小没有明确的规定，则可根据实际生产情况和需要控制的质量特性来决定子组大小。根据 GB/T 4091—2001《常规控制图》的建议，每个子组的样本量一般为 4～5 个，所有的子组样本容量应保持不变。

（2）确定子组频率。在对初始过程的研究中，通常连续进行分组或规定子组间的间隔时间很短。当证明过程稳定受控后，可增加子组间的间隔时间（如每班两次或每小时一次等）。

（3）确定子组数。一般情况下，零件总数不少于 100 个，子组不少于 25 组。

小提示：

控制图是用来分析过程系统变异的原因是偶然原因还是特殊原因的统计分析工具。它能否发挥作用，取决于在收集数据时分组是否合理。合理划分子组是控制图的基础，根据 GB/T 4091—2001《常规控制图》的建议，在划分子组时，应使组内变异由偶然原因造成，而组间变异由特殊原因造成。

也就是说，使组内变异最小化、组间变异最大化是合理划分子组的原则。

讨论思考：在合理划分子组时，为了满足组内变异由偶然原因造成，而组间变异由特殊原因造成，应考虑哪些因素？

2）计算均值和极差

（1）计算每个子组的均值（$\bar{X}$）和极差（R）。

$$\bar{X} = \frac{X_1 + X_2 + \cdots + X_n}{n} \tag{6-1}$$

式中，$X_1, X_2, \cdots, X_n$ 为子组内每个测量值，n 为子组的样本容量。

$$R = X_{\max} - X_{\min} \tag{6-2}$$

（2）计算总体均值（$\bar{\bar{X}}$）和极差（$\bar{R}$）。

$$\bar{\bar{X}} = \frac{\bar{X}_1 + \bar{X}_2 + \cdots + \bar{X}_k}{k} \tag{6-3}$$

$$\overline{R}=\frac{R_1+R_2+\cdots+R_k}{k} \tag{6-4}$$

式中，k 为子组的数量，$\overline{X}_k$ 和 R_k 为第 k 个子组的均值和极差。

（3）计算控制限。

$\overline{X}$ 控制图：中心线

$$\text{CL}=\overline{\overline{X}} \tag{6-5}$$

控制上限

$$\text{UCL}=\overline{\overline{X}}+A_2\times\overline{R} \tag{6-6}$$

控制下限

$$\text{LCL}=\overline{\overline{X}}-A_2\times\overline{R} \tag{6-7}$$

R 控制图：中心线

$$\text{CL}=\overline{R} \tag{6-8}$$

控制上限

$$\text{UCL}=D_4\times\overline{R} \tag{6-9}$$

控制下限（当 LCL=0 时，无控制下限）

$$\text{LCL}=D_3\times\overline{R} \tag{6-10}$$

式中，D_4、D_3、A_2 为常数，它们随样本容量的大小变化，可通过查计量控制图计算控制限的系数表（见表 6-14）得到。

表 6-14　计量控制图计算控制限的系数表

子组中观测值个数 n	控制限系数										
	A	A_2	A_3	B_3	B_4	B_5	B_6	D_1	D_2	D_3	D_4
2	2.1210	1.8800	2.6590	0.0000	3.2670	0.0000	2.6060	0.0000	3.6860	0.0000	3.2670
3	1.7320	1.0230	1.9540	0.0000	2.5680	0.0000	2.2760	0.0000	4.3580	0.0000	2.5740
4	1.5000	0.7290	1.6280	0.0000	2.2660	0.0000	2.0880	0.0000	4.6980	0.0000	2.2820
5	1.3420	0.5770	1.4270	0.0000	2.0890	0.0000	1.9640	0.0000	4.9180	0.0000	2.1140
6	1.2250	0.4830	1.2870	0.0300	1.9700	0.0290	1.8740	0.0000	5.0780	0.0000	2.0040
7	1.1340	0.4190	1.1820	0.1180	1.8820	0.1130	1.8060	0.2040	5.2040	0.0760	1.9240
8	1.0610	0.7300	1.0990	0.1850	1.8150	0.1790	1.7510	0.3880	5.3060	0.1360	1.8640
9	1.0000	0.3370	1.0320	0.2390	1.7610	0.2320	1.7070	0.5470	5.3930	0.1840	1.8160
10	0.9490	0.3080	0.9750	0.2840	1.7160	0.2760	1.6690	0.6870	5.4690	0.9920	1.7770
11	0.9050	0.2850	0.9270	0.3210	1.6790	0.3130	1.6370	0.8110	5.5350	0.2560	1.7440
12	0.8660	0.2660	0.8860	0.3540	1.6460	0.3460	1.6100	0.9220	5.5940	0.2830	1.7170
13	0.8320	0.2490	0.8500	0.3820	1.6180	0.3740	1.5850	1.0250	5.6470	0.3070	1.6930

续表

子组中	控制限系数										
	A	A_2	A_3	B_3	B_4	B_5	B_6	D_1	D_2	D_3	D_4

观测值个数 n										
14	0.8020	0.2350	0.8170	0.4060	1.5940	0.3990	1.5630	1.1180	5.6960	0.3280	1.6720
15	0.7750	0.2230	0.7890	0.4280	1.5720	0.4210	1.5440	1.2030	5.7410	0.3470	1.6530
16	0.7500	0.2120	0.7630	0.4480	1.5520	0.4400	1.5260	1.2820	5.7820	0.3630	1.6370
17	0.7280	0.2030	0.7390	0.4660	1.5340	0.4580	1.5110	1.3560	5.8200	0.3780	1.6220
18	0.7070	0.1940	0.7180	0.4820	1.5180	0.4750	1.4960	1.4240	5.8560	0.3910	1.6080
19	0.6880	0.1870	0.6980	0.4970	1.5030	0.4900	1.4830	1.4870	5.8910	0.4030	1.5970
20	0.6710	0.1800	0.6800	0.5100	1.4900	0.5040	1.4700	1.5490	5.9210	0.4150	1.5850
21	0.6550	0.1730	0.6630	0.5230	1.4770	0.5160	1.4590	1.6050	5.9510	0.4250	1.5750
22	0.6400	0.1670	0.6470	0.5340	1.4660	0.5280	1.4480	1.6590	5.9790	0.4340	1.5660
23	0.6260	0.1620	0.6330	0.5450	1.4550	0.5390	1.4380	1.7100	6.0060	0.4430	1.5570
24	0.6120	0.1570	0.6190	0.5550	1.4450	0.5490	1.4290	1.7590	6.0310	0.4510	1.5480
25	0.6000	0.1530	0.6060	0.5650	1.4350	0.5590	1.4200	1.8060	6.0560	0.4590	1.5410

请同学们上网搜集计量控制图的应用案例。

3）绘制控制图

$\bar{X}$-R 控制图通常由 $\bar{X}$ 控制图和 R 控制图组成，两张图必须画在同一页纸上，以便对照分析，上方为 $\bar{X}$ 控制图，下方为 R 控制图。$\bar{X}$ 值和 R 值为纵坐标，按时间顺序排列的子组为横坐标。纵轴在同一直线上，横轴相互平行，并且刻度对齐。

将每个子组的 $\bar{X}$ 和 R 描点到控制图上，并分别在 $\bar{X}$ 控制图和 R 控制图上画中心线（实线），以及控制上限、控制下限的控制限线（虚线）。

在 $\bar{X}$ 控制图中，纵坐标上的刻度值的最大值与最小值之差至少为子组均值的最大值与最小值之差的 2 倍。

在 R 控制图中，纵坐标上的刻度值的最大值与最小值之差应为初始阶段所遇到的最大极差的 2 倍。

4）过程控制分析

（1）首先分析 R 控制图上的数据点排列特征。

当 R 控制图中的点超出控制界限，并呈链状（连续 7 个点位于平均值的一侧、连续 7 个点上升或下降）或明显的非随机图形时，过程处于非受控状态。查找失控的原因，对其进行处理。当失控的原因被识别、消除或制度化后，应重新计算控制限。

（2）分析 $\bar{X}$ 控制图上的数据点排列特征。

当 $\bar{X}$ 控制图中的点超出控制界限，并呈链状（连续 7 个点位于平均值的一侧、连续 7 个点上升或下降）或明显的非随机图形时，过程处于非受控状态。查找失控的原因，并消除引起失控的原因。再次收集数据，计算控制限，判断过程状态。如此反复，与规格值进行比较，直到过程处于受控状态。

小提示：

一般来说，先制作 R 控制图，当人们通过 R 控制图判断过程受控稳定时，再制作 $\overline{X}$ 控制图。

由于特殊原因而在 R 控制图中被去掉的子组，在 $\overline{X}$ 控制图中也应被去掉。经重新计算得到的 $\overline{R}$ 和 $\overline{\overline{X}}$ 可用于重新计算 R 和 $\overline{X}$ 的控制限。

5）计算过程能力指数并检验其是否满足技术要求

本书对过程能力指数的计算不做详细说明。

6）延长控制限线，制作控制用控制图

当把收集到的数据与规格值进行比较，确定过程稳定后，即可制作控制用控制图，并用它监控生产工序，判断生产过程是否保持在正常状态。

2. 控制图判定准则

控制图对过程的判定分为判稳（数据正常时的过程的稳定性）和判异（数据异常时的过程的稳定性），因此无论数据是否正常、过程是否稳定，都应进行对质量特性的分析。如果数据正常或过程稳定，那么应继续保持巩固该状态；如果数据异常或过程不稳定，那么应找出原因，消除引起不良的因素。

1）控制图的判稳准则

在点随机排列的情况下，若控制图符合下列三个条件之一，则可判定过程处于稳定状态。

（1）在连续 25 个点中，落在控制界限外的点数为 0。

（2）在连续 35 个点中，落在控制界限外或恰好在控制界限上的点数小于或等于 1。

（3）在连续 100 个点中，落在控制界限外或恰好在控制界限上的点数小于或等于 2。

2）控制图的判异准则

判异准则有两类，一是若点出界或在控制界限之外则判异；二是若在控制界限内的点排列不随机则判异。当以该准则为准时，原则上有无穷多种判异情况。GB/T 4091—2001《常规控制图》为控制图异常提供了八个检验模式，也就是八种判异准则。这是因为在过程正常的情况下，下述八种准则出现的概率都很小，所以一旦它们出现就可判断过程异常。GB/T 4091—2001《常规控制图》将控制图等分为六个区，每个区宽 1σ。这六个区的编号为 A、B、C、C、B、A，如图 6-9 所示。其中两个 A 区、两个 B 区及两个 C 区关于中心线 CL 对称。

图 6-9　控制图的六个区划分

（1）准则一：若 1 个点落在 A 区外，则判异。

（2）准则二：若连续 9 个点落在中心线同一侧，则判异。

（3）准则三：若连续 6 个点递增或递减，则判异。

（4）准则四：若连续 14 个点中相邻点上下交替，则判异。

（5）准则五：若连续 3 个点中有 2 个点落在中心线同一侧的 B 区之外，则判异。

（6）准则六：若连续 5 个点中有 4 个点落在中心线同一侧的 C 区之外，则判异。

（7）准则七：若连续 15 个点在 C 区的中心线上下，则判异。

（8）准则八：若连续 8 个点在中心线两侧，但无一落在 C 区，则判异。

> 小提示：八种判异准则口诀
>
> 一出界，九同侧；六连串，是不顺；八缺 C，要彻查；2/3 在 A 区，4/5 在 B 区；14 交替 15C。
>
> 需要说明的是，GB/T 4091—2001《常规控制图》指出，这些判异准则主要适用于 $\overline{X}$ 控制图，而且需要假定质量特性值服从正态分布。

以上八种判异准则的示意如图 6-10 所示。

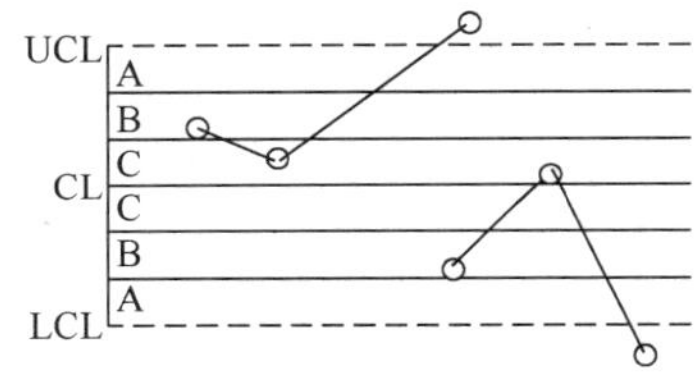

准则一：1个点落在A区外

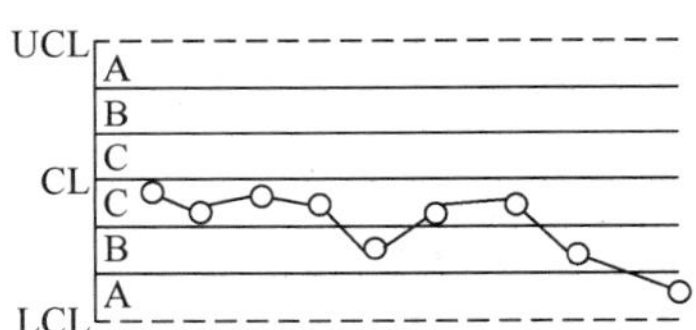

准则二：连续9个点落在中心线同一侧

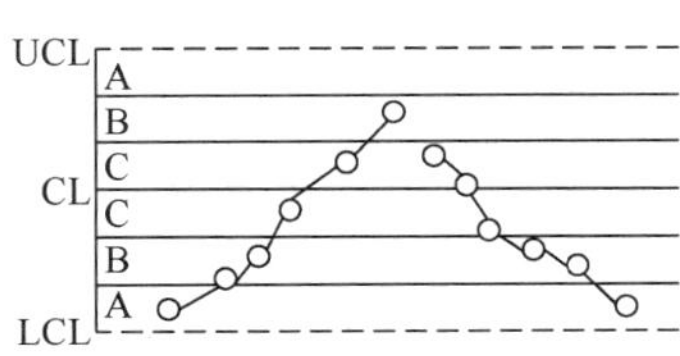

准则三：连续6个点递增或递减

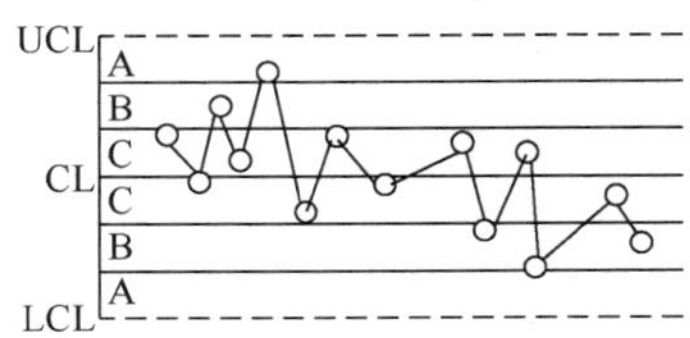

准则四：连续14个点中相邻点上下交替

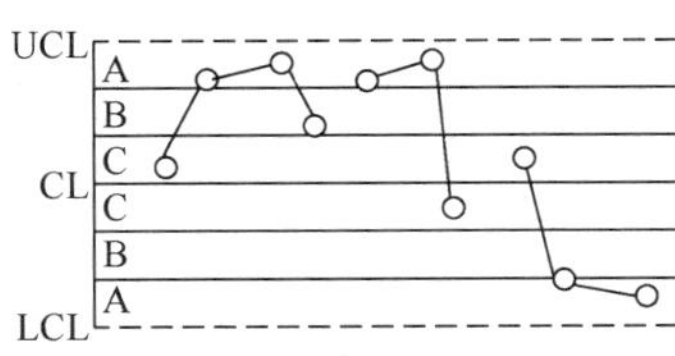

准则五：连续3个点中有2个点落在中心线同一侧的B区之外

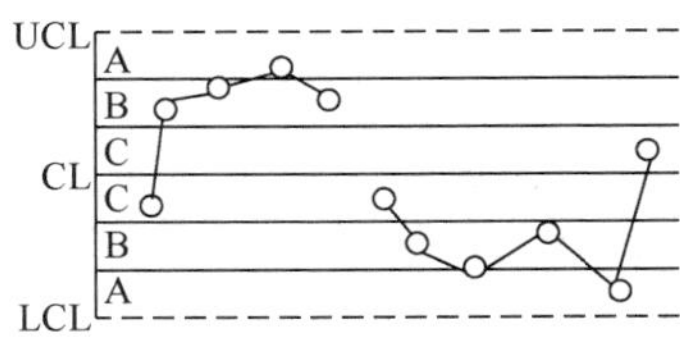

准则六：连续5个点中有4个点落在中心线同一侧的C区之外

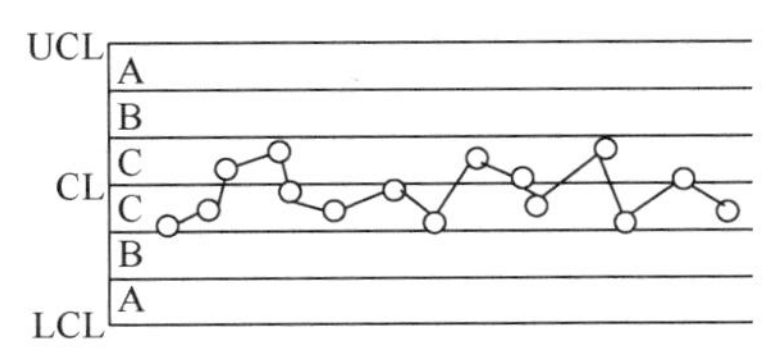

准则七：连续15个点在C区的中心线上下

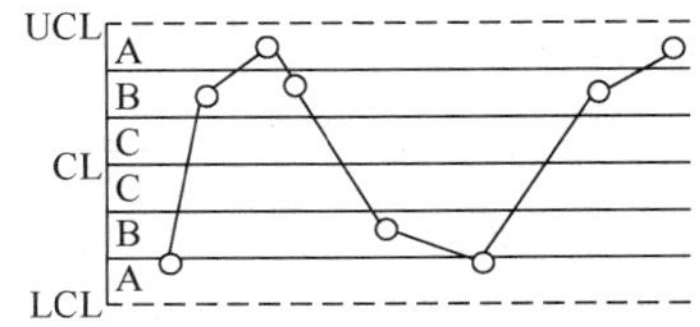

准则八：连续8个点在中心线两侧，但无一落在C区

图 6-10　八种判异准则的示意

讨论思考：在准则四中，数据点上下交替的现象表明过程出现周期性变化，产生这种情况的原因可能有哪些？

为什么当连续 15 个点在 C 区的中心线上下时，也判定过程异常？

案例 6-6 在某 PCB 制造工序上收集的数据如表 6-15 所示，数据收集时间是 3 月 8 日至 3 月 14 日，共收集到 25 个子组，每隔两个小时取样一次，每次样本数为 5 个，工程规范要求为 0.50～0.90mm。请制作 $\bar{X}$-R 控制图，并判定过程是否稳定，以及过程能力是否符合要求？

表 6-15 某 PCB 制造工序数据表

日期	抽样序号	测量值/mm					$\bar{X}$	R
		X_1	X_2	X_3	X_4	X_5		
3 月 8 日	1	0.65	0.70	0.65	0.65	0.85	0.70	0.20
	2	0.75	0.85	0.75	0.85	0.65	0.77	0.20
	3	0.75	0.80	0.80	0.70	0.75	0.76	0.10
	4	0.60	0.70	0.70	0.75	0.65	0.68	0.15
3 月 9 日	5	0.70	0.75	0.65	0.85	0.80	0.75	0.20
	6	0.60	0.75	0.75	0.85	0.70	0.73	0.25
	7	0.75	0.80	0.65	0.75	0.70	0.73	0.15
	8	0.60	0.70	0.80	0.75	0.75	0.72	0.20
3 月 10 日	9	0.65	0.80	0.85	0.85	0.75	0.78	0.20
	10	0.60	0.70	0.60	0.8	0.65	0.67	0.20
	11	0.80	0.75	0.90	0.50	0.80	0.75	0.40
	12	0.85	0.75	0.85	0.65	0.70	0.76	0.20
3 月 11 日	13	0.70	0.70	0.75	0.75	0.70	0.72	0.05
	14	0.65	0.70	0.85	0.75	0.60	0.71	0.25
	15	0.90	0.80	0.80	0.75	0.85	0.82	0.15
	16	0.75	0.80	0.75	0.80	0.65	0.75	0.15
3 月 12 日	17	0.75	0.70	0.85	0.70	0.80	0.76	0.15
	18	0.75	0.70	0.6	0.70	0.60	0.67	0.15
	19	0.65	0.65	0.85	0.65	0.70	0.70	0.20
	20	0.60	0.60	0.65	0.60	0.65	0.62	0.05
3 月 13 日	21	0.50	0.55	0.65	0.80	0.80	0.66	0.30
	22	0.60	0.80	0.65	0.65	0.75	0.69	0.20
	23	0.80	0.65	0.75	0.65	0.65	0.70	0.15
	24	0.65	0.60	0.65	0.60	0.70	0.64	0.10
3 月 14 日	25	0.65	0.70	0.70	0.60	0.65	0.66	0.10

解：（1）计算各子组的 $\overline{X}$ 、R，并将它们填入数据栏中，如表 6-15 所示。

（2）计算控制限。

$\overline{\overline{X}}$ =(0.70+0.77+⋯ +0.66)/25=0.716。

$\overline{R}$ =(0.20+0.20+⋯ +0.10)/25=0.178。

$\overline{X}$ 控制图：中心线 CL= $\overline{\overline{X}}$ =0.716。

控制上限 UCL= $\overline{\overline{X}}+A_2\times\overline{R}$ =0.716+0.58×0.178=0.819。

控制下限 LCL= $\overline{\overline{X}}-A_2\times\overline{R}$ =0.716−0.58×0.178=0.613。

R 控制图：中心线 CL= $\overline{R}$ =0.178。

控制上限 UCL= $D_4\times\overline{R}$ =2.11×0.178=0.376。

控制下限 LCL= $D_3\times\overline{R}$ =0×0.178=0。

（3）在 R 控制图中画出中心线、控制限线、各组 R 值，如图 6-11 所示。

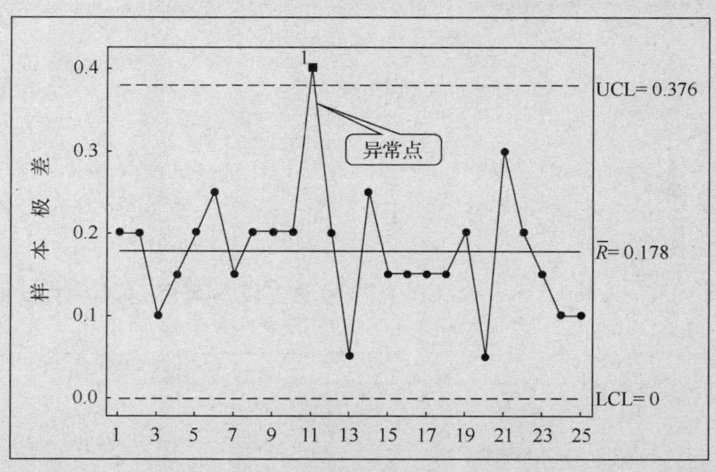

图 6-11 R 控制图

① 分析 R 控制图。

在 R 控制图中发现，第 11 个点超出控制界限，其原因是有对设备不熟悉的人员进行了操作，在排除该点后，重新计算控制限（还有 24 个子组）。

$\overline{X}$ =(0.70+0.77+⋯+0.66)/24=0.715。

$\overline{R}$ =(0.20+0.20+⋯+0.10)/24=0.169

$\overline{X}$ 控制图：中心线 CL= $\overline{\overline{X}}$ =0.715。

控制上限 UCL= $\overline{X}+A_2\overline{R}$ =0.715+0.58×0.169=0.813。

控制下限 LCL= $\overline{\overline{X}}-A_2\overline{R}$ =0.715−0.58×0.169=0.617。

R 控制图：中心线 CL= $\overline{R}$ =0.169。

控制上限 UCL= $D_4\times\overline{R}$ =2.11×0.169=0.357。

控制下限 LCL= $D_3\times\overline{R}$ =0×0.169=0。

② 绘制新的 R 控制图，如图 6-12 所示。分析发现没有异常数据，R 控制图判稳，然后绘制 $\overline{X}$ 控制图。

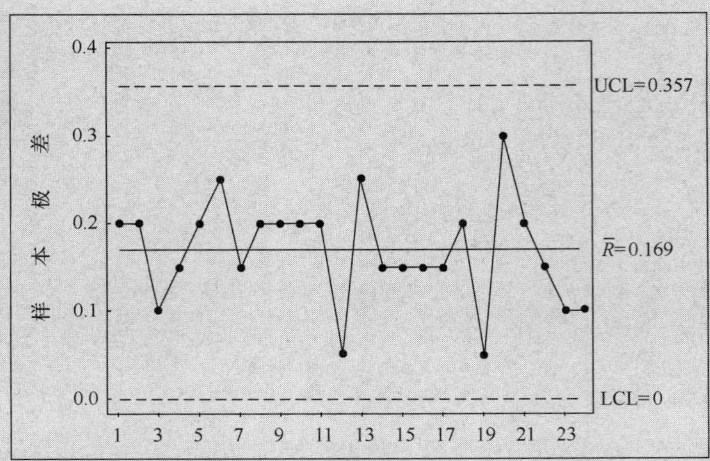

图 6-12　新 R 控制图

（4）在 $\overline{X}$ 控制图中画出中心线、控制限线、各组 $\overline{X}$ 值，如图 6-13 所示。

①分析 $\overline{X}$ 控制图。

在 $\overline{X}$ 控制图中发现从第 17 点起开始异常，其后 8 个子组被排除（这一阶段在低的过程均值下受控，但连续 6 个点在平均值一侧），原因是使用了不合规范的原材料。至此，只留下 16 个子组。

排除了与 R 和 $\overline{X}$ 有关的可解释和可纠正的问题，过程看起来是统计受控的。

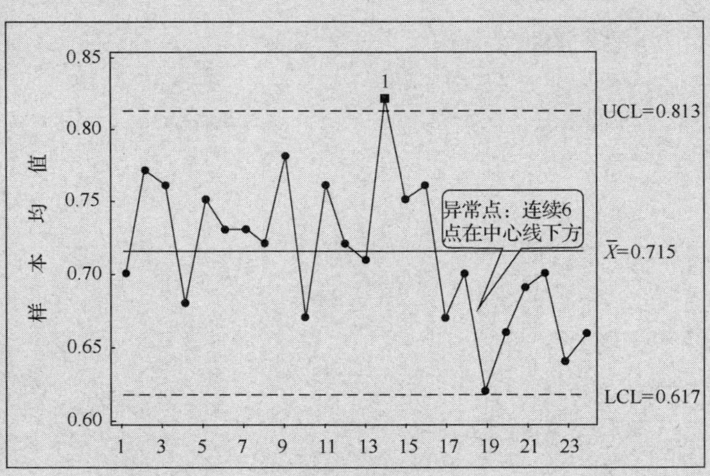

图 6-13　$\overline{X}$ 控制图

重新计算控制限。

$\overline{\overline{X}}$=(0.70+0.77+⋯+0.76)/16=0.738。

中心线 CL=$\overline{\overline{X}}$=0.738。

控制上限 UCL=$\overline{\overline{X}}+A_2\times\overline{R}$=0.738+0.58×0.169=0.836。

控制下限 LCL= $\overline{\overline{X}} - A_2 \times \overline{R}$ =0.738−0.58×0.169=0.640。

按照新的控制限重新绘制新 $\overline{X}$ 控制图，如图 6-14 所示。

在排除特殊原因之后，根据 PCB 规范要求，判定过程是受控状态。

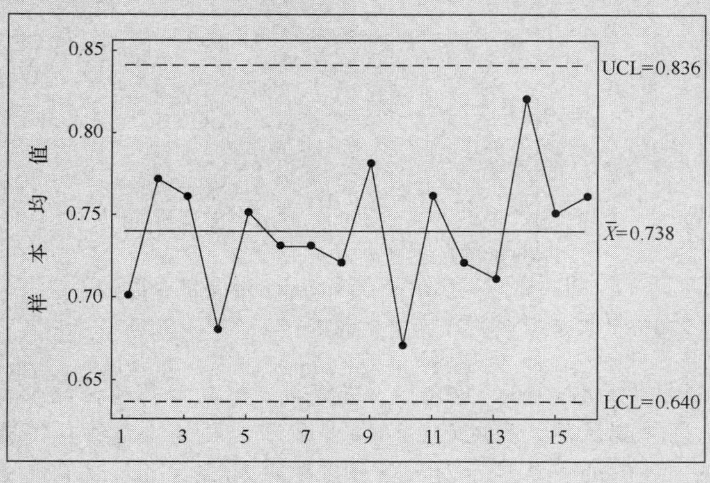

图 6-14　新 $\overline{X}$ 控制图

6.5.4　控制图的两类错误

控制图对过程的监控是通过抽样检验来进行的，但既然采用了抽样检验就不可能没风险，就不可能不犯错误。在控制图的应用过程中通常会出现两类错误。

1. 虚发过程异常

虚发过程异常也称第 I 类错误。在生产过程正常的情况下，纯粹由偶然因素引起的数据点出界的概率虽然很小，但这种情况不是绝对不可能发生的。因此，若生产过程正常，人们却根据数据点出界判断生产异常，则这种判断就犯了虚发过程异常错误，发生这种错误的概率通常被记为 α，即如图 6-15 所示的正态分布 3σ 以外的区域。

2. 漏报过程异常

漏报过程异常也称第 II 类错误。在生产异常的情况下，产品质量的分布实际已经偏离了典型分布，但总有一部分产品的质量特性值在控制上限和控制下限之内。如果抽到这样的产品，对其进行检验，并在控制图中描点，那么根据数据点未出界判断生产正常就会犯漏报过程异常错误，发生这种错误的概率通常记为 β，如图 6-15 所示。

凡是利用抽样检验来实施质量控制和分析的检验，都存在“弃真存伪”的可能，也就是上面提到的两类错误。对于控制图而言，扩大控制上限和控制下限的间距可以减少第 I 类错误，但是第 II 类错误会增加；反之，若减小控制上限和控制下限的间距，则可以减少第 II 类错误，但是第 I 类错误会增加。因此，人们需要考虑如何将这两类错误造成的损失降至最低，以确定控制上限和控制下限。长期的实践证明，用 3σ 方式来确定控制图的控制上限和控制下

限之间的最佳间距，可使两类错误造成的总损失最小。

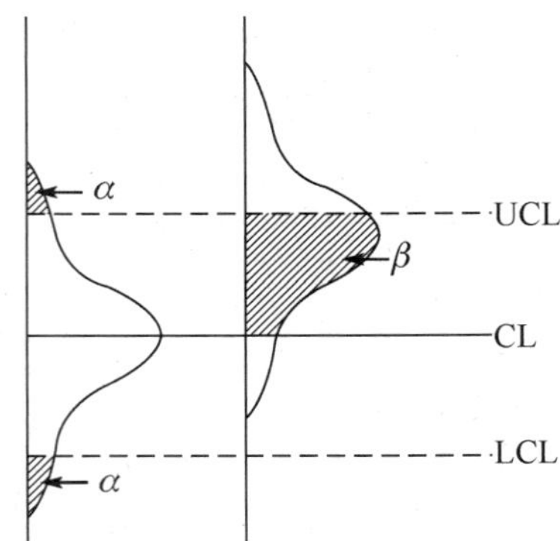

图 6-15 虚发过程异常和漏报过程异常示意

> 小提示：
>
> 不能将生产规格作为控制图的控制限，规格用来区分产品质量的合格与否，而控制图的控制限用来区分偶然因素引起的波动与异常因素引起的波动。利用规格界限显示产品质量合格或不合格的图是显示图。现场可以应用显示图，但不能将其作为控制图来使用。

6.6 因果图

扫一扫看本章教学课件 4

因果图是一种分析质量特性（结果）与可能影响质量特性的因素（原因）之间的因果关系的图。它是由日本质量管理大师石川馨先生提出的一种用来把握结果（特性）与原因（影响特性的要因）的极方便且有效的方法，所以又称“石川图”。因为因果图的形状很像鱼骨，所以它又可称为鱼骨图或特性要因图、鱼刺图。因果图是一种透过现象看本质的分析方法，其结构如图 6-16 所示。

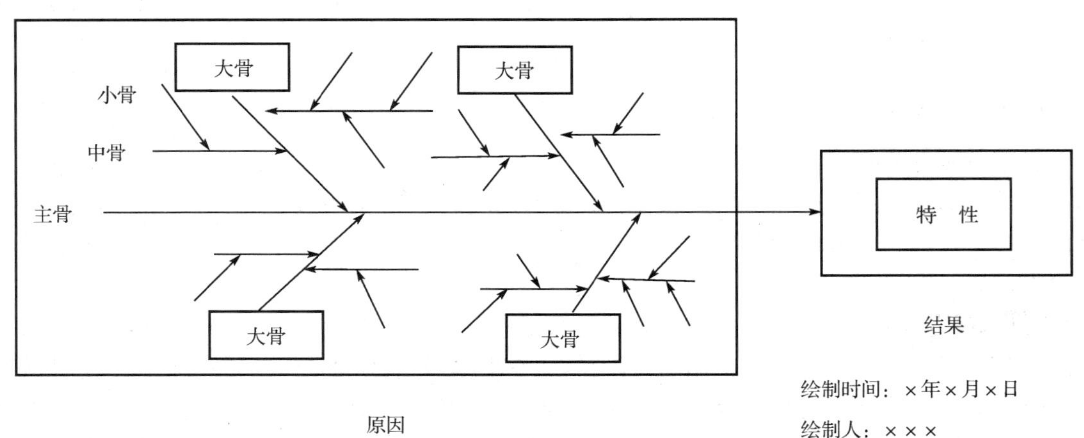

图 6-16 因果图结构

1. 因果图的作用及适用范围

（1）作用：因果图通过绘制图形来展示影响结果的各种原因，并以此为基础寻找影响结果的主要原因，对质量特性进行改善。

（2）适用范围：因果图在质量管理活动中，尤其在 QC 小组活动及质量分析和质量改进活动中有着广泛的应用。

2. 因果图的类型

因果图通常有三种类型，分别是原因型因果图、对策型因果图和整理问题型因果图。在原因型因果图中，鱼头通常在右，特性值通常写为“为什么……”；在对策型因果图中，鱼头通常在左，特性值通常写为“如何提高/改善……”；在整理问题型因果图中，各要素与特性值之间不存在因果关系，它们之间存在结构构成关系。原因型因果图和对策型因果图的示意如图 6-17 所示。

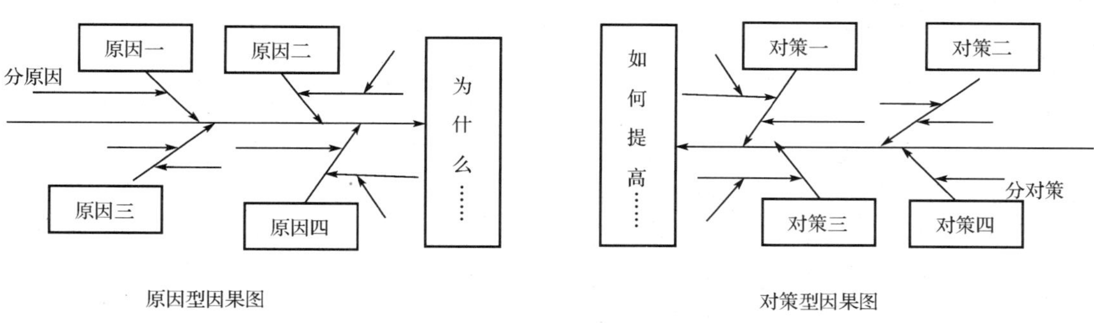

图 6-17　原因型因果图和对策型因果图的示意

3. 因果图的应用步骤

人们在应用因果图分析质量特性时，一般会成立一个小组，小组成员通常包括技术人员、管理人员、质量控制人员等，小组人数通常为 4～10 人。在小组成立之后，小组成员运用头脑风暴法，集思广益，查找主要原因。因果图的绘制主要有以下几个步骤，具体过程如图 6-18 所示。

（1）确定需要分析的质量特性，也就是因果图中的“结果”。

（2）将质量特性写在纸的右侧，从左至右画一箭头（主骨），将结果用方框框上。

（3）列出影响结果的主要原因，将其作为大骨，并用方框框上。绘制大骨通常采用 5M1E 的方法，5M1E 分别指 Manpower（人力）、Machine（机器）、Materials（材料）、Methods（方法）、Measurements（测量）、Enviroment（环境）。

（4）列出影响大骨（主要原因）的原因，将其作为中骨。

（5）以此类推，列出影响中骨的主要原因，直至绘出小骨、孙骨。

（6）根据各个原因对质量特性的影响程度，将认为对质量特性有显著影响的重要原因标出来。

（7）在因果图上记录必要的有关信息，比如时间、记录人、图名称等信息。

扫一扫看因果图的制作与分析微课视频

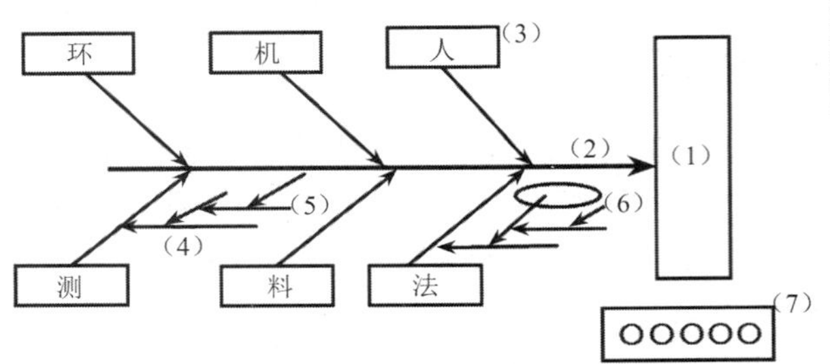

图 6-18　因果图的绘制步骤

在绘制因果图时，把相同的问题分组，在鱼骨上标出。在针对现场作业问题的因果图中，大要因（大骨）一般从“人、机、料、法、环、测”着手；在针对管理类问题的因果图中，大要因（大骨）一般从“人、事、时、地、物”几个方面进行分层。对大要因必须用中性词来描述（不说明好坏），对中要因、小要因必须根据使用价值来判断（如……不良、没有……等）。小组成员在进行头脑风暴时，应尽可能多而全地找出所有可能的原因，而不仅限于自己能完全掌控或正在执行的内容。对人的原因的分析，应主要从行动而非思想态度方面着手。

头脑风暴法是鱼骨图的基础，小组成员在开展头脑风暴时，通常可以采用 5WHY 法和 5W1H 法追究真因。5WHY 法又称 5 问法，最初由丰田公司提出，有时也称丰田 5 问法。5WHY 法是对一个现象连续问 5 个为什么来找出真正原因的方法。需要注意的是，在运用 5WHY 法时，不一定要问 5 个问题，也可以少于 5 个问题或多于 5 个问题。

5W1H 法通过对一个问题问 What（做什么）、Who（何人）、Where（何地）、When（何时）、Why（为何）、How（如何做）来分析问题。比如我们发现一个问题，首先问这个问题是一个什么样的问题，以及这个问题是不是一个问题；再问谁引起了这个问题的发生，以及为什么不是别人或可不可以换一个人；然后问在哪个地方或哪个阶段发生了这个问题，为什么不是在别的地方发生的；再问为什么在这个时间发生了这个问题，而不在另外一个时间发生这个问题；再问为什么会出现上面几个问题；最后确定采取什么方法去解决问题。5W1H 法的具体内容如表 6-16 所示。

表 6-16　5W1H 法的具体内容

What 做什么	当去除不必要的部门和动作后，改善对象是什么，改善目的是什么	是否无其他事可做； 应该做些什么
Where 何地	当改变场所或场所的组合后，作业或作业者的方向是否处于正确状态	为什么在那个地方做； 在何处做效率才最高
When 何时	改变发生的时间、时期或顺序	为何在那时做； 是否在别的时间做更有利
Who 何人	对人的组合或工作的分担重新加以检查讨论	为何让这个人做； 是否有更好的人选

续表

Why 为何	将所有的事情怀疑一次，对上面的 5 个质问均用 Why 来商讨，并找出最好的改善方案	为何要按照目前的工作方式进行；若有其他补充和改变会不会使情况更好
How 如何做	改变方法或步骤，使所需的人力更少、对熟练度的要求更低、使用费用更低	为何要这么做；有无其他可替代该方法的更好的方法

小提示：

在绘制因果图时，绘制者应保证大骨与主骨的夹角为 60°、中骨与主骨平行。

小组成员进行头脑风暴的四大原则为严禁批评、自由奔放、多多益善、搭便车。

最后选取的重要原因不宜超过 7 项，而且它们应该被标示在最末端。

应用因果图分析质量特性需要的时间大约为 1 个小时，在收集到 20～30 个原因后，该过程就可结束。

案例 6-7　图 6-19 是某啤酒厂的产品清酒浓度偏低的因果图。图中用椭圆框出的末端因素是重要原因，啤酒厂应对其进行改善。

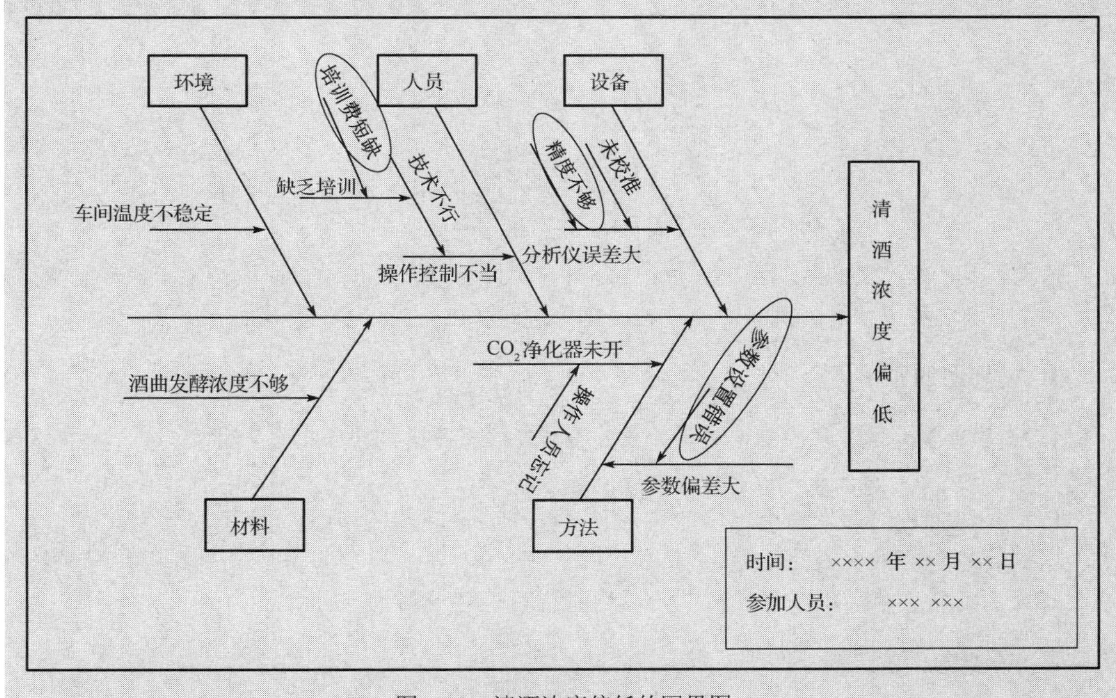

图 6-19　清酒浓度偏低的因果图

6.7　排列图

扫一扫看排列图的制作与分析微课视频

排列图（Pareto Diagram）是将质量改进项目（或者说影响产品品质

量的因素）按照从最重要到最次要的顺序进行排列的一种图表。

排列图又称柏拉图或帕累托图，意大利经济学家帕累托在分析意大利的社会财富分布状况时，发现80%的社会财富掌握在20%的人手里，后来这种现象被称为“柏拉图法则”或“二八法则”。1907年，美国经济学家洛伦兹用图表的形式提出类似的理论。1930年，美国的朱兰博士运用洛伦兹图表法将质量问题分为“关键的少数”和“次要的多数”，并将该方法称为帕累托分析法。20世纪60年代，日本质量管理大师石川馨在推行自己发明的品管圈时使用了帕累托分析法，从而使该方法被称为品质管理七大手法之一。

排列图由一个横坐标、两个纵坐标、几个按高低顺序排列的矩形和一条累计百分比折线组成。矩形用于表示每个项目的发生频数的大小，累计频数线用于表示各项目的累计作用，如图6-20所示。

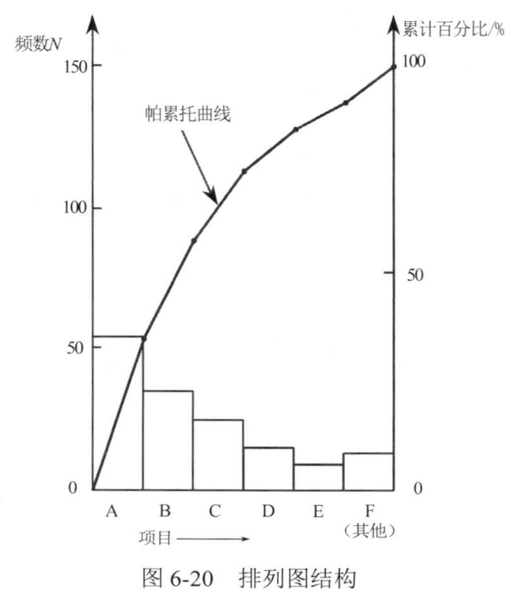

图6-20　排列图结构

1. 排列图的作用

排列图就是帮助质量控制人员识别选定影响质量特性的主要原因的一种方法。它主要有以下作用。

（1）按重要程度显示每个质量改进项目对整个质量问题的作用。

（2）识别进行质量改进的机会。

（3）对QC小组活动的目标值的合理性进行可行性分析。

2. 排列图应用步骤

（1）选择要进行质量分析的项目或因素。

（2）收集项目或因素的数据，算出频数及每个项目或因素占总数的百分比及累计百分比（频率）。

（3）将项目或因素的频数按大小顺序自上而下排列，填入频数表中。

（4）画横坐标。画出一条长度适宜的直线，按项目或因素频数的大小自左向右排列，将

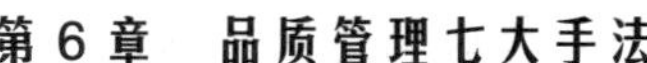

频数最大的排在左边，将频数最小的一个或几个归并成“其他”项，放在最右端。

（5）画纵坐标。在横坐标的两端画两个纵坐标，按度量单位规定，左边的纵坐标的高度必须与所有项目的频数总和相等。右边的纵坐标应与左边的纵坐标等高并按 0～100%进行标定。

（6）在每个项目或因素上画矩形，根据项目或因素的频数，按左边的纵坐标的标度确定矩形高度，并在矩形上注明频数。

（7）根据右边的纵坐标的标度在第一个项目或因素的矩形顶端中心或右上角标出第一个点，然后逐项标出其他项目或因素的累计频率的坐标点。将这些点连接，画出累计频数百分比曲线，此曲线又称帕累托曲线，用来表示各项目的累计作用。

（8）利用排列图确定对质量改进最重要的项目。

为了抓住“关键的少数”，人们通常把排列图中的累计频率因素分为三类。累计频率为 0～80%的因素是影响产品质量的主要因素，它们又称 A 类因素，其个数一般为 1～2 个，最多为 3 个，它们是应该被重点关注的因素。累计频率为 80%～90%的因素是影响产品质量的次要因素，又称 B 类因素。累计频率为 90%～100%的因素是影响产品质量的一般因素，又称 C 类因素。

案例 6-8　某织布车间在 20××年第四季度对成品布匹进行抽样检验后得到的外观质量不合格项目的统计资料如表 6-17 所示。通过排列图找出影响质量特性的主要因素，确定质量改进的方向。

表 6-17　成品布匹缺陷项目统计

项　目	缺 陷 数
错纬	80
竹节	297
杂物	458
松经	35
跳花	28
百脚	10
粗经	15
轧梭	12
纬缩	55

根据排列图的应用程序对上述原始资料进行加工整理，如表 6-18 所示。

表 6-18　缺陷项目统计表

序　号	项　目	频　数	累 计 频 数	累计百分比/%
1	杂物	458	458	46.3
2	竹节	297	755	76.3
3	错纬	80	835	84.3
4	纬缩	55	890	89.9
5	松经	35	925	93.4
6	跳花	28	953	96.3

续表

序 号	项 目	频 数	累 计 频 数	累计百分比/%
7	其他	37	990	100
合计		990		

根据缺陷项目统计表，绘制排列图，如图 6-21 所示。

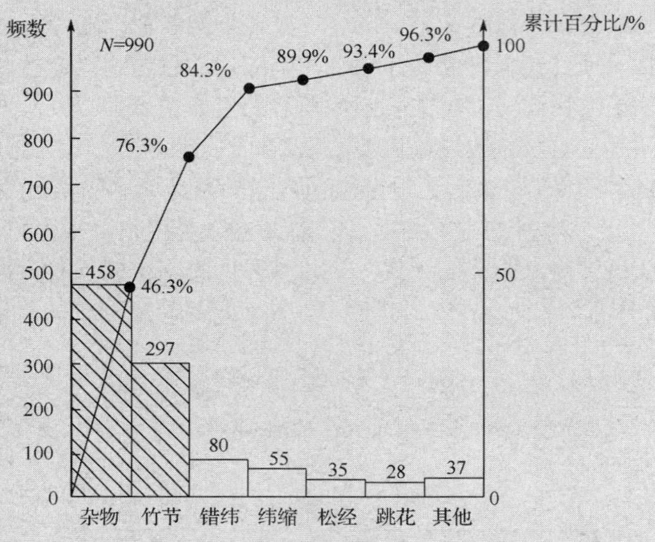

图 6-21　成品布匹缺陷项目排列图

从排列图中可以看出：

成品布匹的杂物和竹节这两项质量缺陷占全体质量缺陷的 76.3%，它们为主要因素，应作为质量改进的主要对象；错纬、纬缩和松经为次要因素；跳花和其他为一般因素。

排列图把影响产品质量的“关键的少数”与“次要的多数”直观地表现出来，使人们知道应从哪里着手来提高产品质量。实践证明，集中精力将主要因素的影响减半比消灭次要因素收效更为显著，而且容易得多。所以人们应选取排列图的前 1～2 项主要因素作为质量改进的目标。如果改进前 1～2 项的难度较大，而改进第 3 项更加可行，而且马上可见效果，那么也可以先对第 3 项进行改进。

小提示：

排列图的整体图形的宽高比例，以高度高一些、宽度窄一些为好，高:宽约为 5:3，这样可以直观地表现出主要问题。

排列图中的总频数 N 不能太少，最好超过 50。

排列项目不宜太多，一般为 5～7 项。

其他项一定放在最后（右边），其频率不大于 10%。

主要因素的累计百分比不一定为 80%，该类因素一般以 1～2 项为宜。

累计频数百分比曲线是折线，不是直线。

6.8　散布图

散布图又称相关图，它是表示两个量之间变化关系的图。它用图示的方式来表现某现象的测量值与可能和该现象有关的因素之间的关系，这种图示方式具有快捷、易于交流和理解的特点。在散布图中，人们通常将成对出现的数据以坐标点的形式标注在坐标轴上，以得到点云。人们通过研究点云的分布状态，可以推断出变量之间的相关关系。图 6-22 为身高和体重之间关系的散布图，人们根据点云的分布情况可以判定身高与体重成正比例关系。

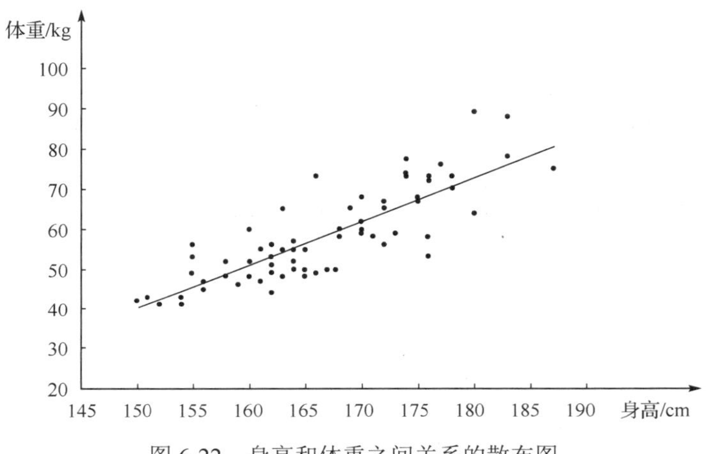

图 6-22　身高和体重之间关系的散布图

1. 散布图的作用

散布图在质量管理和质量控制中常用于研究质量特性之间或质量特性与影响因素两个变量之间的相互关系。该方法有利于 QC 小组的质量改进活动。其主要作用体现在以下几点。

（1）用数据来证明对两个变量之间的关系的假设。

（2）可以作为因果图的后续工具，直观地表示两个变量之间潜在关系的强度。

2. 散布图应用步骤

（1）收集成对数据。从将要被研究其相关关系的类型和相关程度的相关数据中收集成对的数据，这些数据一般不应少于 30 对。

（2）标出 x 轴和 y 轴。

（3）找出 x 和 y 的最大值和最小值，并用这两个值标定横轴（x）和纵轴（y），两个轴的长度应大致相等。

（4）描点。描出成对的所有数据点(x,y)。当两组数据的数值重合时，可围绕数据点画出同心圆“⊙”，也可以在离第一个数据点最近的地方画上第二个点。

（5）判断。分析点云的形态，找出相关关系的类型。

（6）计算。计算相关关系系数，确定相关程度。

3. 常见散布图的类型

常见散布图的两个变量之间的关系有强正相关、强负相关、弱正相关、弱负相关、不相关、非直线关系，图 6-23 为常见散布图的类型。

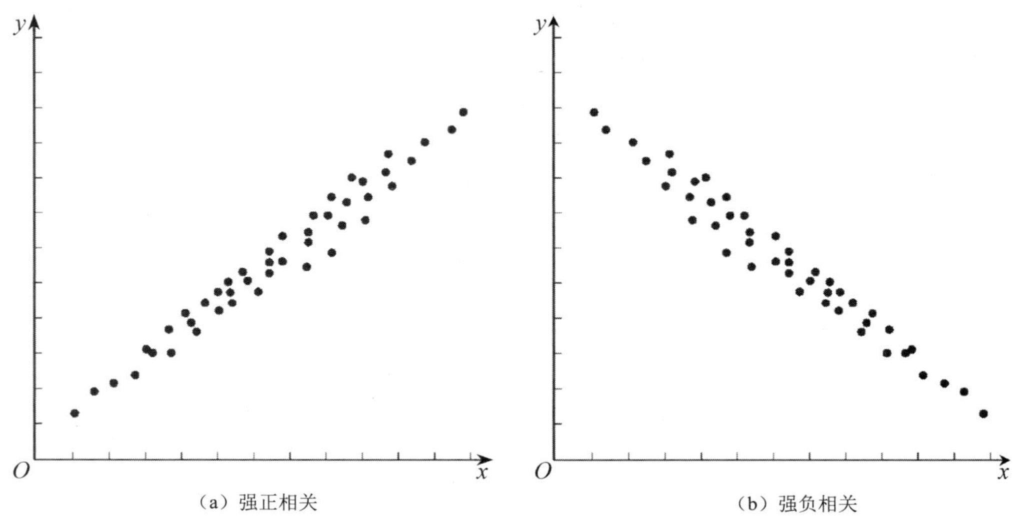

（a）强正相关

当自变量 x 增大时，因变量 y 随之增大，数据点的分布比较集中，而且呈直线形，两者之间有强烈的相关关系，这种关系称为强正相关。

（b）强负相关

当自变量 x 增大时，因变量 y 随之减少，数据点的分布较集中，而且呈直线形，两者之间有强烈的相关关系，这种关系称为强负相关。

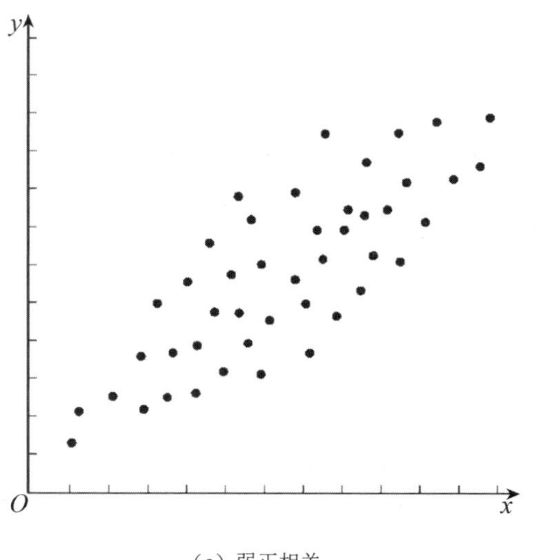

（c）弱正相关

当自变量 x 的数值增大时，y 的数值也增大，但数据点的分布不集中，两者之间仅有一定相关关系，这种关系称为弱正相关。

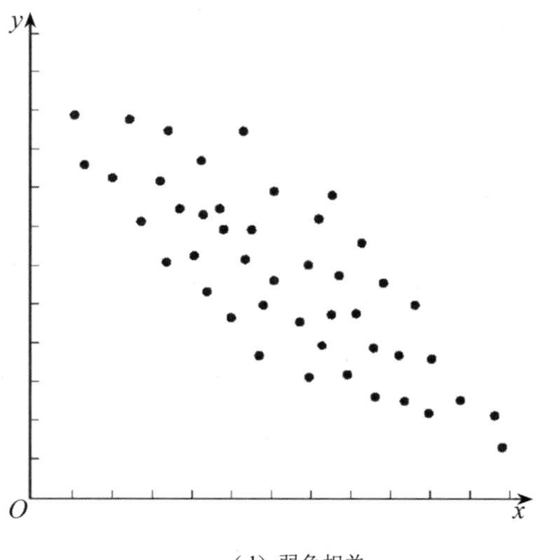

（d）弱负相关

当自变量 x 增大时，因变量 y 随之减少，数据点的分布不集中，两者之间仅有一定的相关关系，这种关系称为弱负相关。

图 6-23　常见散布图的类型

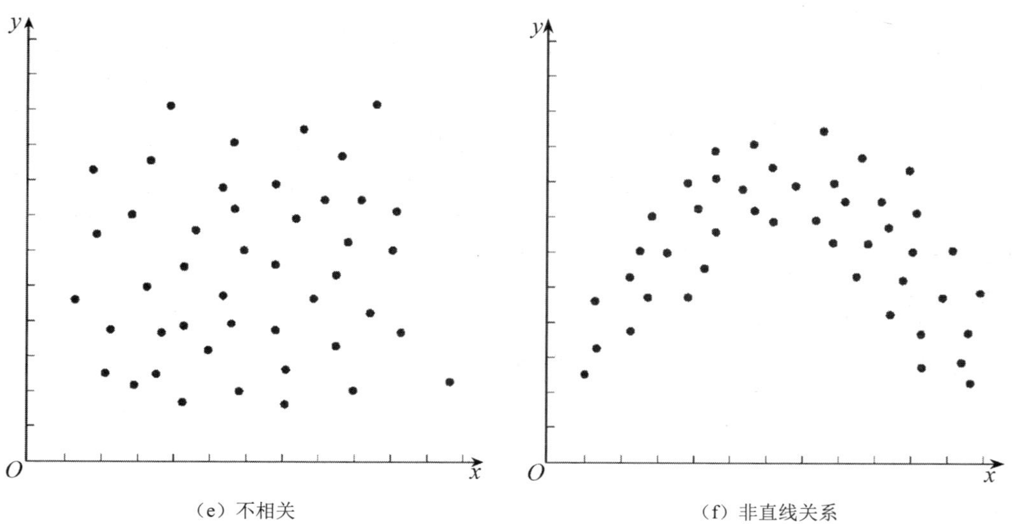

（e）不相关

当自变量 x 与因变量 y 没有相关关系时，两个变量之间的关系称为不相关。

（f）非直线关系

当数据点的分布不呈直线形时，自变量 x 与因变量 y 之间的关系为非直线关系。

图 6-23　常见散布图的类型（续）

4. 散布图的分析方法

散布图的分析方法有对照典型图例分析法、象限分析法、计算相关系数判定法。

对照典型图例分析法就是将两组数据在坐标系中描点之后，对照图 6-23 给出的几种常见形态判定两个变量的相关性。

计算相关系数判定法需要经过复杂的计算来确定相关两个变量之间的相关系数，最后再判定两个变量之间的相关性。本书对计算相关系数判定法不做详述。

象限分析法又称中值判断法、符号检定判断法。其具体的判定步骤如下。

（1）在散布图上画一条与 x 轴平行的直线，使线的上面与下面的点子的数量基本相等。

（2）再画一条与 y 轴平行的直线，使线的左面与右面的点子的数量基本相等。

（3）两条线把散布图分成 4 个象限区域Ⅰ、Ⅱ、Ⅲ、Ⅳ。分别统计落入各象限的点子的数量（线上的点子可略去不计）。

（4）分别计算对角象限区内的点子总数。

（5）判断规则：当 $n_{\text{I}}+n_{\text{III}}>n_{\text{II}}+n_{\text{IV}}$ 时，两个变量之间的关系为正相关；当 $n_{\text{I}}+n_{\text{III}}<n_{\text{II}}+n_{\text{IV}}$ 时，两个变量之间的关系为负相关；当 $n_{\text{I}}+n_{\text{III}}=n_{\text{II}}+n_{\text{IV}}$ 时，两个变量之间的关系为不相关。

案例 6-9　某厂测得的淬火温度与钢硬度之间的成对数据如表 6-19 所示。现用散布图对这 30 对相关数据的相关程度进行分析研究。

表 6-19　淬火温度与钢硬度之间的成对数据

序　号	淬火温度/℃ x	硬度（HRC） y	序号	淬火温度/℃ x	硬度（HRC） y
1	810	47	16	820	48

续表

序　　号	淬火温度/℃ x	硬度（HRC） y	序号	淬火温度/℃ x	硬度（HRC） y
2	890	56	17	860	55
3	850	48	18	870	55
4	840	45	19	830	49
5	850	54	20	820	44
6	890	59	21	810	44
7	870	50	22	850	53
8	860	51	23	880	54
9	810	42	24	880	57
10	820	53	25	840	50
11	840	52	26	880	54
12	870	53	27	830	46
13	830	51	28	860	52
14	830	45	29	860	50
15	820	46	30	840	49

根据这30对数据做散布图，如图6-24所示。

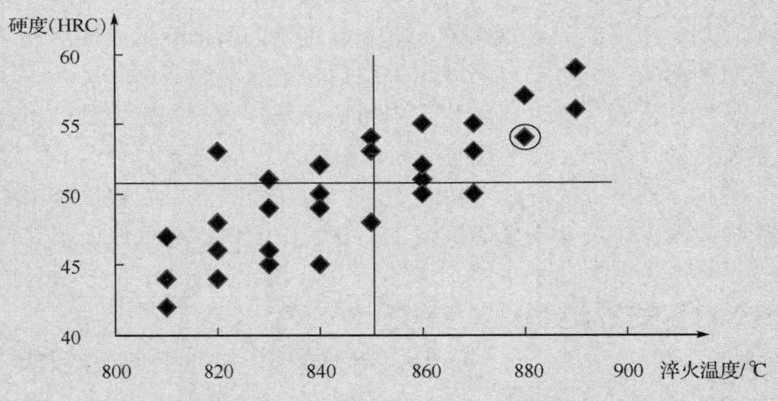

图6-24　淬火温度与钢硬度之间的散布图

图中被圈起来的点表示重复次数，每多一个圈，表示出现的次数加1。

运用象限分析法分析图6-24中的点子云，可以得出以下结论。

（1）$(n_{\mathrm{I}}+n_{\mathrm{III}})>(n_{\mathrm{II}}+n_{\mathrm{IV}})$，即(10+13)>(1+6)，因此，可初步判定淬火温度与钢硬度之间有正相关关系。

（2）随着淬火温度升高，钢硬度增加。

小提示：

（1）散布图反映的只是一种趋势，对定性的结果还需要运用计算相关系数判定法加以判定。

（2）在通常情况下，横坐标用来表示原因或者自变量，纵坐标用来表示效果或者因变量。

（3）在散布图中，对个别偏离分布趋势的异常点应当查明原因并予以剔除。

（4）散布图分析时，应注意对数据的正确分层，否则可能会发生误判。

（5）在一般情况下，人们至少应取 25 对以上的数据进行分析。

知识梳理与总结

本章主要介绍了在品质管理中对生产一线的质量问题进行分析时常用的七大工具，这七大工具在用于分析质量问题时往往是相互结合的，它们并非相互独立的手段。学习者在学习过程中应重点理解和掌握以下七点。

（1）层别法的分层方法。

（2）在针对不同问题时，如何选择合适的检查表类型。

（3）直方图的制作步骤及分析方法。

（4）控制图的制作步骤及分析方法。

（5）因果图的制作步骤及分析方法。

（6）排列图的制作步骤及分析方法。

（7）散布图的制作步骤及分析方法

学习检测 6

扫一扫看本章习题答案

一、填空题

1. 首先提出特性要因图这个概念的是日本质量管理大师______，因为这种图的形状类似鱼骨头，所以它又称_______。

2. 在散布图中，若变量 x 增大，另一个变量 y 也增大，则称这两个变量___相关。

3. 检查表常分为______检查表和 _______检查表。

4. 人们在日常工作中分析异常问题发生的根源时，常用__________。

二、选择题

1. 为了抓住“关键的少数”，排列图把影响因素按累计频率分为以下 3 类（　　）。

A．关键因素　主要因素　次要因素　　B．关键因素　重要因素　一般因素

C．主要因素　次数因素　一般因素　　D．关键因素　重要因素　一般因素

2. 用于把握问题现状的最有效的工具是（　　）。

A．因果图　　B．排列图　　C．直方图　　D．调查表

3. 因果图是一种用于分析质量特性结果与影响质量特性的（　　）的图。

A．相关关系　　B．质量问题　　C．因素　　D．因果关系

4．下列关于检查表的说法中正确的是（　　）。

A．检查表的作用就是记录数据

B．工序分布检查表可以替代直方图

C．检查表只能收集数据，不能提供数据分布、分层信息

D．设计良好的检查表不仅可用于采集数据，还可以对数据进行简单处理

5．下列关于直方图的说法中正确的有（　　）。

A．矩形的宽度表示数据出现的频率

B．矩形的高度表示给定间隔内数据的频数

C．矩形高度的变化表示数据分布中心的波动情况

D．利用直方图可以考察数据的分布

E．根据直方图显示的数据分布形态可以估计过程能力

6．对控制图的原理叙述正确的有（　　）。

A．对控制图原理的第一种解释，可用数学语言来描述，即小概率原理：小概率事件在一次试验中几乎不可能发生，若它发生则将产品判为异常

B．控制图是假设检验的一种图上作业，在控制图中每描一个点就是一次假设检验

C．控制图中的控制限就是区分偶然波动与异常波动的科学界限

D．将质量波动区分为偶然波动与异常波动并分别采取不同的对待策略，这是休哈特的贡献。

7．在现场操作中，当出现质量问题时，质量检验人员通常会记录下某事件发生的具体情况及其出现次数或频率，以便后续追踪，这种做法是使用了品管七大手法中的（　　）。

A．检查表法　　B．PDPC 法　　C．排列图法　　D．直方图法

8．在对直方图分布形态的分析中，图形显示有两个或两个以上的不同群体的直方图类型为（　　）。

A．双峰型　　B．高原型　　C．离岛型　　D．左偏态型

9．当因不知道两个因素之间的关系或两个因素之间的关系在认识上比较模糊而需要对这两个因素之间的关系进行调查和确认时，可以通过（　　）法来确认二者之间的关系。

A．散布图　　B．排列图　　C．直方图　　D．控制图

10．人们可以使用（　　）对相当复杂的数据进行处理，即运用此方法对这些数据系统地、有目的地进行分门别类的归纳及统计。

A．排列图法　　B．控制图法　　C．散布图法　　D．层别法

11．直方图可用于了解产品质量特性的（　　）。

A．主要影响因素　　B．分布范围

C．异常的随时间变化的规律　　D．分布的离散情况

E．分布形状

三、分析题

1. 某中学进行了一次演讲比赛，分段统计参赛同学的成绩，结果如下表所示。

分数段/分	人数/人
91～100	4
81～90	6
71～80	8
61～70	2

请根据表中提供的信息，解答下列问题：

（1）参加这次演讲比赛的同学有_____。

（2）已知成绩在 91～100 分的同学为优秀者，那么优胜率为__________。

（3）画出成绩频数分布直方图。

2. 某塑料厂生产某型号塑料制品，产品的不合格率较高，达到了 7.8%。为此，该厂成立了 QC 小组，以解决不合格率高的问题。该小组选定课题后对问题的现状进行了详细的调查，对 3 月生产的 128 件不合格品逐件统计，记录造成不合格的缺陷种类及数量，结果如下表所示。请分组练习绘制缺陷排列图。

序号	项目	缺陷数
1	气孔	40
2	成型不良	14
3	顶部充不满	108
4	色斑	4
5	变形	3
6	表面疵点	7
7	其他	4
合计		180

第7章 常用量检具

教学导航

扫一扫看本章教学课件

知识重点	（1）游标卡尺的使用和读数；（2）千分尺的使用和读数； （3）百分表的使用和读数；　（4）圆孔塞规和螺纹规的使用； （5）塞尺的使用； （6）几种量具的使用范围、注意事项
知识难点	（1）游标卡尺的使用和读数； （2）千分尺的使用和读数； （3）百分表的使用和读数
推荐教学方式	实践教学法，老师重点讲解几种量检具的使用及读数方法，学生通过对量具进行实际使用来掌握几种量具的使用方法和读数方法
建议学时	2 学时

7.1　游标卡尺

游标卡尺是一种常用的测量长度的精密仪器，它可直接用来测量精度较高的工件的外径、内径、长度、宽度、厚度、高度、深度、角度及齿轮的齿厚等，其应用范围非常广泛。按照其测量功能的不同，游标卡尺通常分为长度游标卡尺、深度游标卡尺和高度游标卡尺。尽管它们的功能不同，但它们都是基于相同的原理设计的。

1. 长度游标卡尺的结构

游标卡尺主要由主尺、游标、内量爪、外量爪、深度尺、紧固螺丝等组成，如图 7-1 所示。主尺上有与钢尺类似的主尺刻度，主尺上的刻度线间距为 1mm，主尺的长度决定了游标卡尺的测量范围。游标上的分格可以为 10 个、20 个或 50 个，它们代表了游标卡尺的精度，10 分度的游标卡尺可精确到 0.1mm，20 分度的游标卡尺可精确到 0.05mm，而 50 分度的游标卡尺则可以精确到 0.02mm。根据精度的不同，游标卡尺通常也可分为 10 分度游标卡尺、20 分度游标卡尺、50 分度游标卡尺。

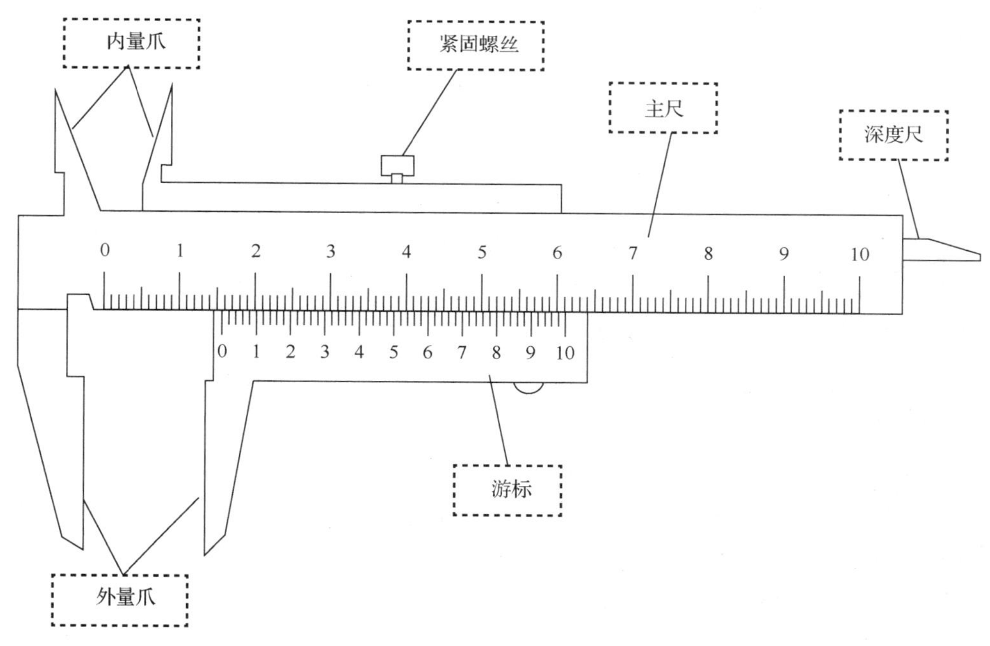

图 7-1　游标卡尺结构

2. 游标卡尺的读数原理

以 10 分度游标卡尺为例，其主尺的最小分度是 1mm，游标上有 10 个小的等分刻度，它们的总长为 9mm，因此游标的每一分度与主尺的最小分度相差 0.1mm，当左右量爪贴合在一起时，游标的零刻度线与主尺的零刻度线重合，游标的第 10 条刻度线与主尺的 9mm 刻度线重合，其余的刻度线都不重合，如图 7-2 所示。

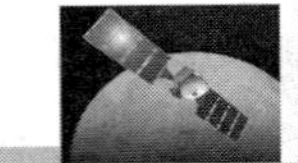

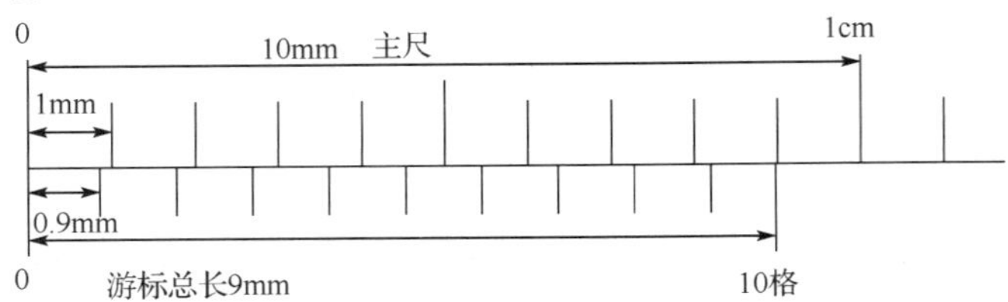

图 7-2 10 分度游标卡尺的刻度原理

游标卡尺的读数结构由主尺和游标两部分组成。当游标向右移动到某一位置时，固定量爪与活动量爪之间的距离就是所测物体的尺寸。此时所测物体尺寸的整数部分可在游标零线左边的主尺刻度线上读出来，而对于比 1mm 小的小数部分，可借助游标将其读出。

以 10 分度游标卡尺为例，读数分为 3 个步骤。

（1）读出游标零线左侧的主尺上的毫米整数。

（2）查看游标上哪一条刻度线与主尺上的刻度线对齐，记录从游标零线到对齐的刻度线之间的所有格数，并将格数乘以 0.1（对于 20 分度游标卡尺，应乘以 0.05；对于 50 分度游标卡尺，应乘以 0.02）。

（3）把主尺上的毫米整数和游标上的小数加起来，便得到所测物体的尺寸。

案例 7-1 10 分度游标卡尺示意图如图 7-3 所示，请读数。

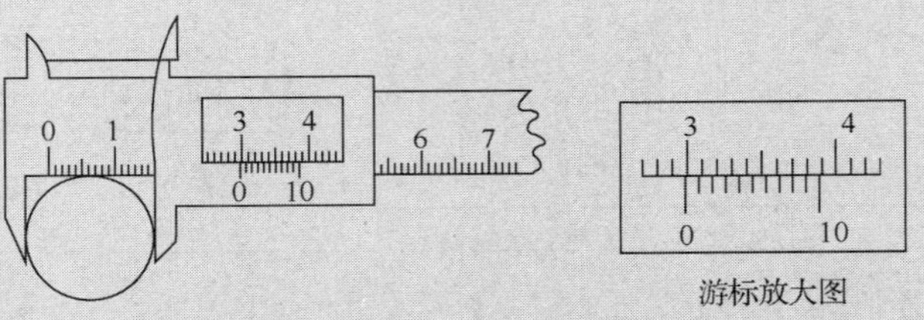

图 7-3 案例 7-1 的 10 分度游标卡尺示意图

（1）游标零线左侧的主尺上的整毫米数为 29mm。

（2）游标的对齐线在第 8 格处，所以游标读数为 8×0.1=0.8mm。

（3）物体尺寸=29+0.8=29.8mm。

案例 7-2 20 分度游标卡尺示意图如图 7-4 所示，请读数。

（1）游标零线左侧的主尺上的整毫米数为 23mm。

（2）游标的对齐线在第 17 格处，所以游标读数为 17×0.05=0.85mm。

（3）物体尺寸=23+0.85=23.85mm。

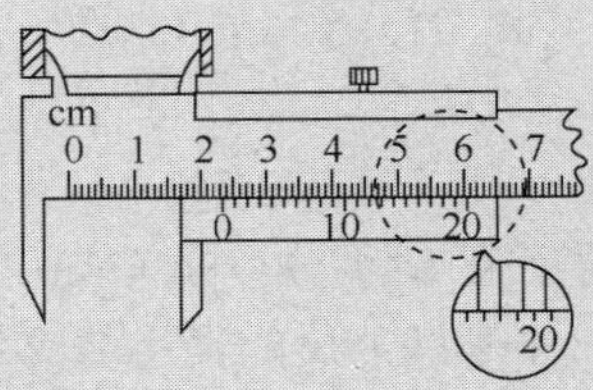

图 7-4 案例 7-2 的 20 分度游标卡尺示意图

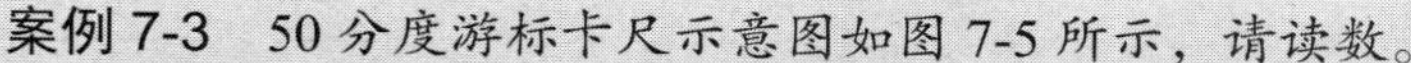

案例 7-3　50 分度游标卡尺示意图如图 7-5 所示，请读数。

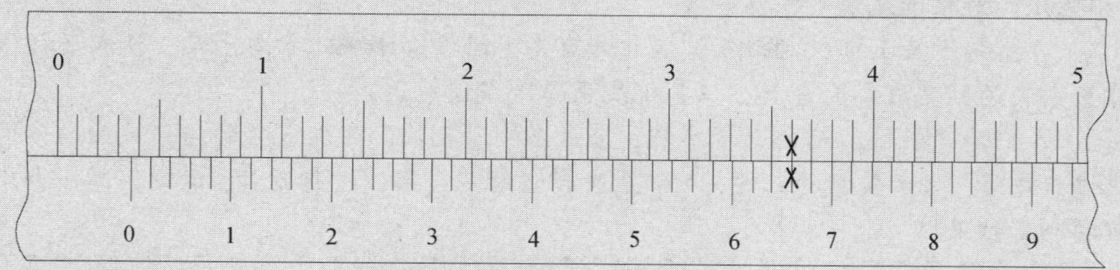

图 7-5　案例 7-3 的 50 分度游标卡尺示意图

（1）游标零线左侧的主尺上的整毫米数为 3mm。

（2）游标的对齐线在第 33 格处，所以游标读数为 33×0.02=0.66mm。

（3）物体尺寸=3+0.66=3.66mm。

3．游标卡尺的使用方法

对量具的使用是否合理，不仅直接影响测量准确度，而且会对量具本身造成影响，因此，人们必须重视对量具的正确使用，提高自身测量技术，以获得正确的测量结果，并保证产品质量。

当使用游标卡尺测量零件尺寸时，人们必须注意下列几点。

（1）测量前应把卡尺擦干净，检查卡尺的两个测量面和测量刃口是否平直无损，两个量爪在紧密贴合时应无明显的间隙，同时游标和主尺的零刻度线要相互对准。这个过程称为校对游标卡尺的零位。

（2）在移动尺框时，其活动要自如，该过程不应出现过松或过紧的现象，更不能有晃动现象。用紧固螺丝固定尺框时，卡尺的读数不应有所改变。在移动尺框时，不要忘记松开紧固螺丝，亦不能使螺钉过松，以免其掉落。

（3）在用游标卡尺测量零件时，不应过分地施加压力，所用压力应使两个量爪刚好接触零件表面。测量压力过大不但会使量爪弯曲或磨损，而且会使量爪在压力作用下产生弹性变形，使测量得到的尺寸不准确（外尺寸小于实际尺寸，内尺寸大于实际尺寸）。

（4）在测量零件的外尺寸时，卡尺的两测量面的连线应垂直于被测量表面，不能歪斜。在测量过程中，可以轻轻摇动卡尺，使其垂直。

测量外尺寸的正确做法是，先把卡尺的活动量爪张开，使量爪能自由地卡住工件，把零件贴靠在固定量爪上，然后移动尺框，用轻微的压力使活动量爪接触零件。若卡尺带有微动装置，则可拧紧微动装置上的紧固螺丝，再转动调节螺母，使量爪接触零件并读取尺寸。绝不可把卡尺的两个量爪调节到接近甚至小于所测尺寸，再把卡尺强行卡到零件上去。这样做会使量爪变形，或使测量面过早受到磨损，使卡尺失去应有的精度。

（5）在测量零件的内尺寸时，要使量爪分开的距离小于所测内尺寸，当它进入零件内孔后，再慢慢使其张开并轻轻接触零件内表面，用紧固螺丝固定尺框后，轻轻取出卡尺来读数。在取出量爪时，用力要均匀，并使卡尺沿着孔的中心线方向滑出，不可歪斜，以免量爪扭伤、变形或受到不必要的磨损，并避免尺框走动、影响测量精度。

小提示：游标卡尺使用注意事项

（1）在游标卡尺上读数时，人们应朝着有亮光的方向水平地拿着卡尺，使人的视线尽可能和卡尺的刻度线表面垂直，以免视线歪斜造成读数误差。

（2）人们为了获得正确的测量结果，可以多测量几次，即在零件的同一截面的不同方向上进行测量。对于较长的零件，人们应当在它的不同部位进行测量，以便获得一个比较正确的测量结果。

4. 游标卡尺的其他类型

1）高度游标卡尺

高度游标卡尺结构如图 7-6 所示，它用于测量零件的高度和精密划线。它的结构特点是用质量较大的基座代替长度游标卡尺中的固定量爪，而活动的尺框利用横臂装上了用于测量高度和划线的量爪，量爪的测量面镶有硬质合金，以提高量爪使用寿命。

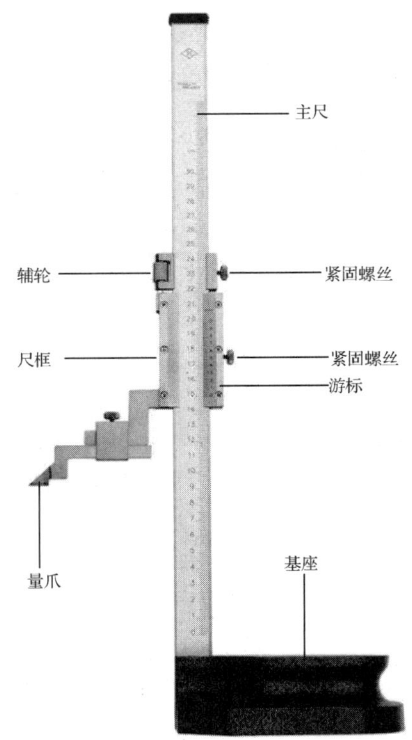

图 7-6　高度游标卡尺结构

高度游标卡尺的测量工作应在平台上进行。当量爪的测量面与基座的底面位于同一平面时，主尺与游标的零线相互对准，所以在测量高度时，量爪测量面的高度就是被测量零件的高度尺寸。高度游标卡尺的读数原理与长度游标卡尺相同。高度游标卡尺主要用于测量工件的高度。

在用高度游标卡尺划线时，需要先在游标卡尺上装上划线量爪，按划线所需的高度尺寸调节尺框，先固定微动装置的紧固螺丝，然后旋动微动螺母，使高度游标卡尺的划线量爪准确地对准需要划线的位置，再将尺框固定好，即可进行划线。在划线时，基座应贴合平板，平稳移动。图 7-7 为使用高度游标卡尺划线的示意图。

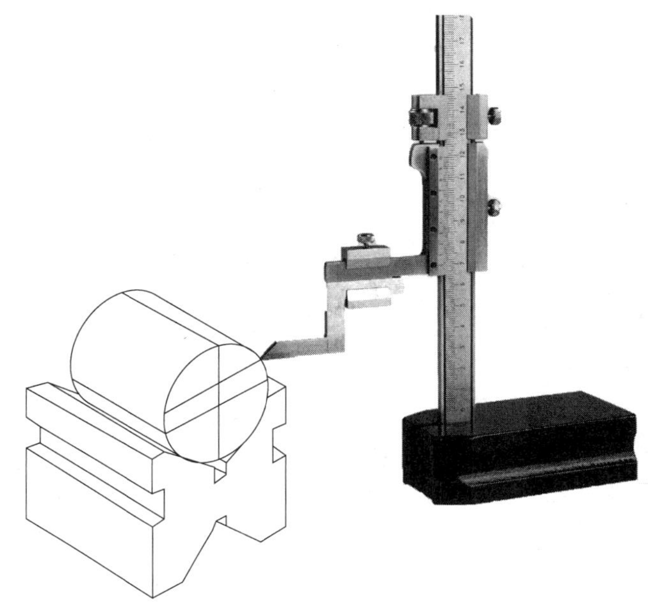

图 7-7　使用高度游标卡尺划线的示意图

2）深度游标卡尺

深度游标卡尺结构如图 7-8 所示，它主要用于测量零件的深度尺寸、台阶高低或槽的深度。它的结构特点是尺框上的两个量爪连在一起成为带游标的测量基座，测量基座的端面和主尺的端面就是它的两个测量面。在测量内孔深度时，应使测量基座的端面紧靠在被测孔的端面上，使主尺与被测孔的中心线平行，将主尺伸入被测孔，则主尺端面至测量基座端面之间的距离就是被测零件的深度尺寸。它的读数方法和长度游标卡尺完全一样。

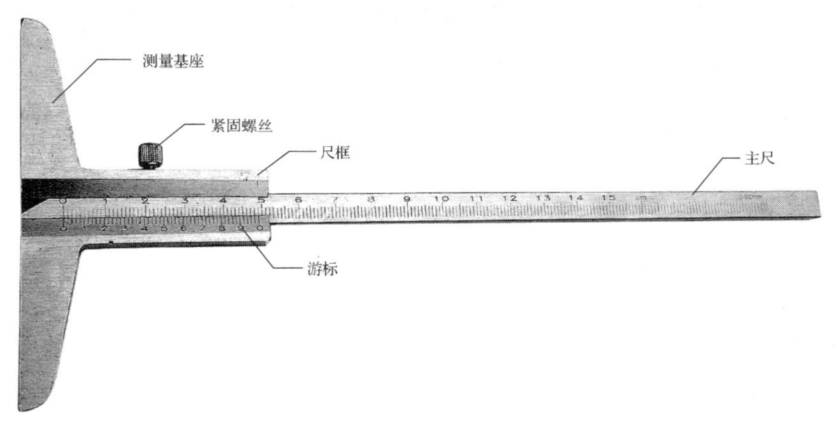

图 7-8　深度游标卡尺结构

在测量零件深度时，先把测量基座轻轻压在工件的基准面上，测量基座端面和主尺端面必须接触工件的基准面，如图 7-9（a）所示。在测量台阶时，测量基座的端面一定要压紧基准面，如图 7-9（b）所示，再移动主尺，直到主尺的端面接触到工件的测量面（台阶面），然后用紧固螺丝固定尺框，提起卡尺，读出深度尺寸。

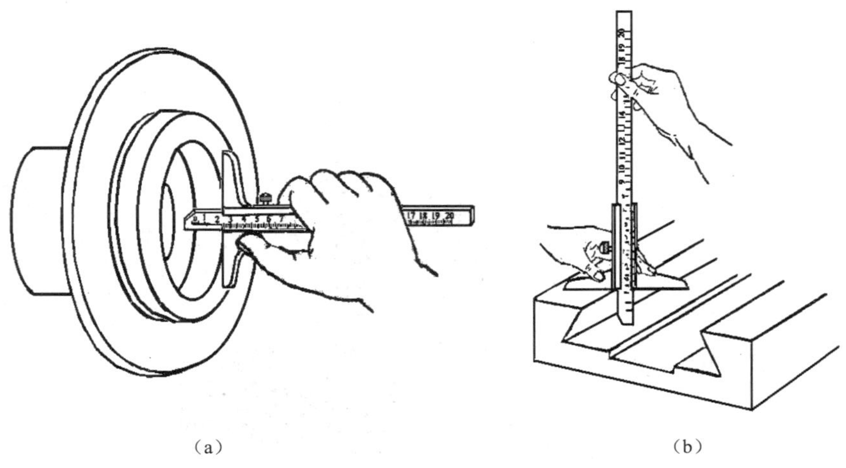

（a）　　（b）

图 7-9　深度游标卡尺的使用方法

3）数显游标卡尺

以上所介绍的各种游标卡尺都存在读数不清晰的问题，人们在对它们进行读数时容易读错，有时需要借助放大镜将读数部分放大。另外，使用者的视线倾斜也会造成读数误差。数字显示游标卡尺很好地解决了传统游标卡尺因人为因素而产生的读数误差，这种游标卡尺在零件表面上量得的尺寸会直接通过数字显示出来，所以其使用极为方便。图 7-10 为数字显示游标卡尺。

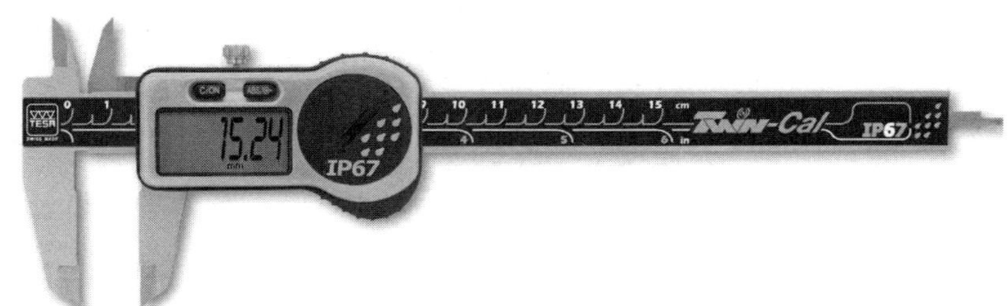

图 7-10　数字显示游标卡尺

7.2　千分尺

千分尺又称螺旋测微器、分厘卡，主要用于测量对加工精度的要求较高的工件的尺寸，是一种精密量具。它可以准确到 0.01mm，比游标卡尺的精密度更高。千分尺的测量范围有 0～25mm、25～50mm、50～75mm、75～100mm、100～125mm 等多种。虽然各种千分尺的规格不同，但每种千分尺的测量区间都为 25mm。千分尺根据使用功能的不同，可以分为外

径千分尺、内径千分尺、深度千分尺、螺纹千分尺和公法线千分尺等。它们分别用于测量或检验零件的外径、内径、深度、厚度，以及螺纹的中径和齿轮的公法线长度等。

1. 外径千分尺的结构原理

各种千分尺的结构大同小异，常用的外径千分尺用来测量或检验零件的外径、凸肩厚度及板厚或壁厚等。图 7-11 是测量范围为 0～25mm 的外径千分尺结构。外径千分尺由尺架、固定测砧、测微螺杆、固定套筒、微分套筒等装置组成。

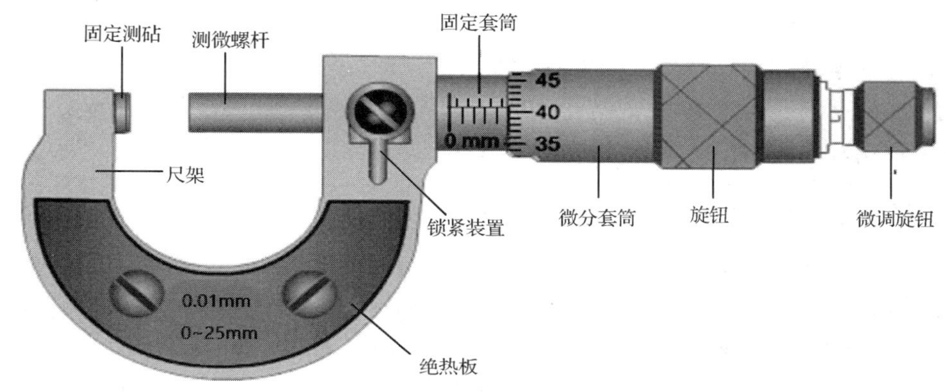

图 7-11　测量范围为 0～25mm 的外径千分尺结构

外径千分尺是根据螺旋放大的原理制成的，即微分套筒旋转一周，测微螺杆便沿着旋转轴线方向前进或后退一个螺距的距离（0.5mm）。因此，沿轴线方向移动的微小距离可以通过圆周上的读数表示出来。微分套筒上的刻度线是将圆周 50 等分的水平线，微分套筒旋转一个分度表示它转过了 1/50 周，这时螺杆沿轴线移动了 1/50×0.5mm＝0.01mm。因此，使用外径千分尺可以准确读到 0.01mm 的数值，而且还能再估读一位，即读到毫米的千分位。固定套筒上有一条水平线，这条线的上下各有一排间距为 1mm 的刻度线，上面的刻度线恰好在下面的两个相邻的刻度线中间。在对其读数时，从固定套筒上读出整毫米数和半毫米数，在微分套筒上读出毫米百分位，并估读毫米千分位。

2. 外径千分尺的读数原理

外径千分尺的读数结构由固定套筒和微分套筒两部分组成。当测微螺杆移动到某一位置时，固定测砧与测微螺杆之间的距离就是所测量物体的尺寸。对外径千分尺读数可以分为如下 3 个步骤。

（1）从固定套筒上读出整毫米数和半毫米数。

（2）在微分套筒上读格数，并进行估读，再乘以 0.01。

（3）所测物体的长度为两者之和。

所测尺寸＝固定刻度（整毫米+半毫米）+可动刻度×精度（0.01mm）

案例 7-4　千分尺示意图如图 7-12 所示，请读数。

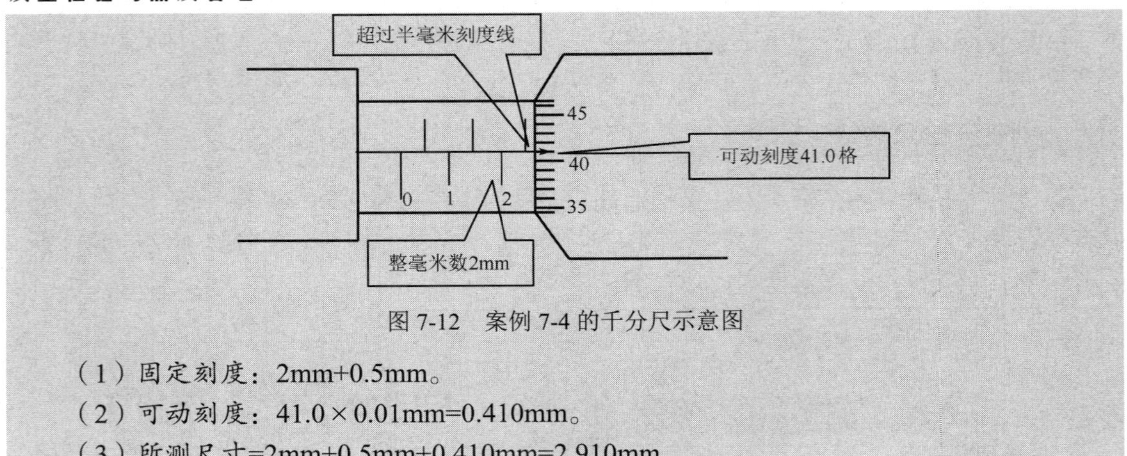

图 7-12　案例 7-4 的千分尺示意图

（1）固定刻度：2mm+0.5mm。

（2）可动刻度：41.0 × 0.01mm=0.410mm。

（3）所测尺寸=2mm+0.5mm+0.410mm=2.910mm。

3. 外径千分尺的使用

外径千分尺的使用主要有三个步骤，即调零、测量、读数。

在使用外径千分尺前必须调零，也就是校准。调零方法是缓缓转动微调旋钮，使测微螺杆和固定测砧接触，直到微调旋钮发出声音为止。这时，微分套筒上的零刻度线应当和固定套筒上的基准线（长横线）对齐，否则说明外径千分尺有零误差；在测量时左手持尺架，右手转动微调旋钮，使测微螺杆与固定测砧的间距稍大于被测物，在其间放入被测物，转动微调旋钮直到测微螺杆和固定测砧夹住被测物、微调旋钮发出声音为止；最后利用锁紧装置使测微螺杆固定，进行读数。

在使用外径千分尺测量零件尺寸时，人们必须注意下列几点。

（1）在转动微调旋钮时，微分套筒应能自由灵活地沿着固定套筒活动，没有任何轧卡和不灵活的情况。若微分套筒出现活动不灵活的情况，则外径千分尺应被送至计量室及时进行检修。

（2）在测量前，使用者应把零件的被测面擦干净，以免被测面上有脏物存在，影响测量精度。绝对不能用外径千分尺测量带有研磨剂的表面，否则会损伤测量面的精度。用外径千分尺测量表面粗糙的零件亦是错误的，这样易使固定测砧面过早被磨损。

（3）在使用外径千分尺测量零件时，测微螺杆的方向应与零件被测量的尺寸方向一致。在测量外径时，测微螺杆应与零件的轴线垂直，不能歪斜，如图 7-13 所示。在测量时，使用者可在旋转微调旋钮的同时，轻轻地晃动尺架，使固定测砧面与零件表面良好地接触。

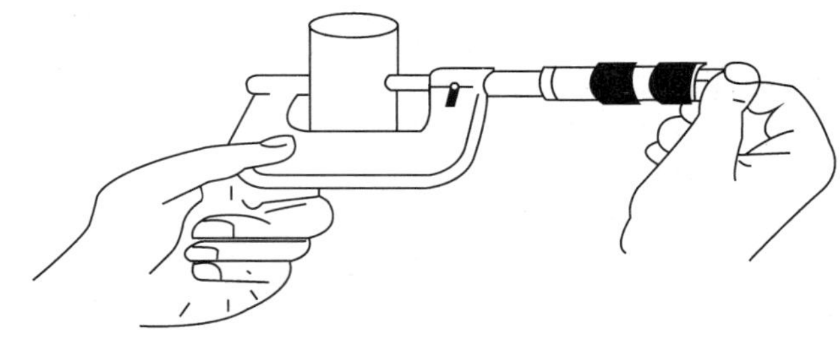

图 7-13　外径千分尺的正确使用

（4）在用外径千分尺测量零件时，最好当外径千分尺在零件上时进行读数，之后取下外径千分尺，这样可减少固定测砧面的磨损。若必须先取下外径千分尺再进行读数，则应该在用锁紧装置锁紧测微螺杆后，再使千分尺轻轻滑出零件。

小提示：千分尺使用注意事项

（1）在对千分尺读数时，要注意固定套筒上表示半毫米的刻度线是否已经露出。

（2）一定要估读一位千分位数字，即使固定套筒上的零刻度线正好与微分套筒上的某一刻度线对齐，也应将千分位上的数字读为“0”。

（3）千分尺不可作为卡规使用，因为这样做会磨损测量面，并且会使测微螺杆或尺架发生变形、失去精度。

4. 其他类型的千分尺

1）内径千分尺

内径千分尺的结构如图 7-14 所示，它主要用来测量小尺寸内径和内侧面槽的宽度。内径千分尺的读数精度为 0.01mm，其测量范围有 5～30mm、25～50mm、50～75mm 等，图 7-14 是测量范围为 25～50mm 的内径千分尺。内径千分尺的读数方法与外径千分尺相同，只是固定套筒上的刻度线尺寸与外径千分尺相反，另外它的测量方向和读数方向也都与外径千分尺相反。

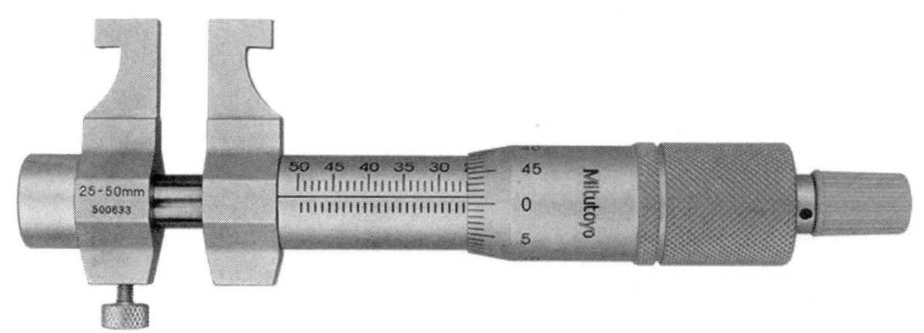

图 7-14　测量范围为 25～50mm 的内径千分尺

2）螺纹千分尺

螺纹千分尺主要用于测量普通螺纹的中径，其结构如图 7-15 所示。螺纹千分尺与外径千分尺相似，不同的是螺纹千分尺的固定测砧是可调换的，固定测砧和测微螺杆顶端有一个小孔，可插入不同规格的插头。在测量前，使用者应按照被测螺纹的公称螺距和牙型角选择相应规格的一对螺纹插头。在一对螺纹插头中，一个呈圆锥体，一个呈凹槽。一般来讲，测量者会有一系列的螺纹插头供不同的牙型角和螺距选用。在测量时，螺纹千分尺的两个插头正好卡在螺纹的牙型面上，这样得到的读数就是该螺纹中径的实际尺寸。螺纹千分尺的使用如图 7-16 所示。3）深度千分尺

深度千分尺如图 7-17 所示，它主要用于测量孔深、槽深和台阶高度等。其结构除用基座代替尺架和测砧以外，与外径千分尺基本相同。深度千分尺的读数范围有 0～25mm、25～100mm、100～150mm，其读数精度为 0.01mm。它的测量杆被制成可更换的形式，在更换后

可用锁紧装置将其锁紧。深度千分尺的校对零位过程可在精密平面上进行。当测量杆被更换时，一般零位不会改变。当用深度千分尺测量孔深时，测量者应把基座的端面紧贴在被测孔的端面上。零件的这一端面应与孔的中心线垂直，而且应该光洁平整，这能使深度千分尺的测量杆与被测孔的中心线平行，从而保证测量精度。此时，测量杆的端面到基座端面的距离，就是孔的深度。

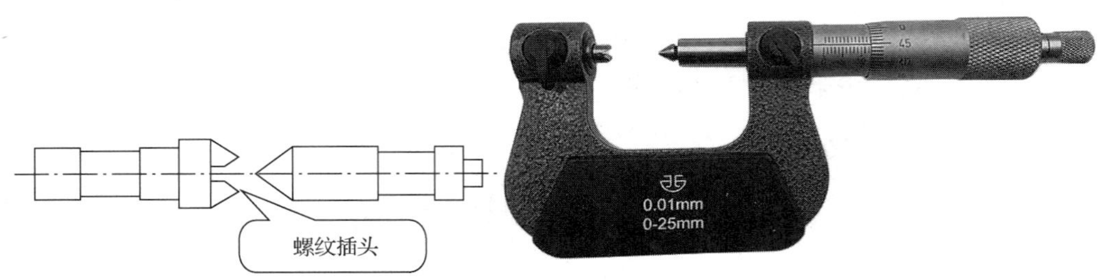

图 7-15　螺纹千分尺的结构

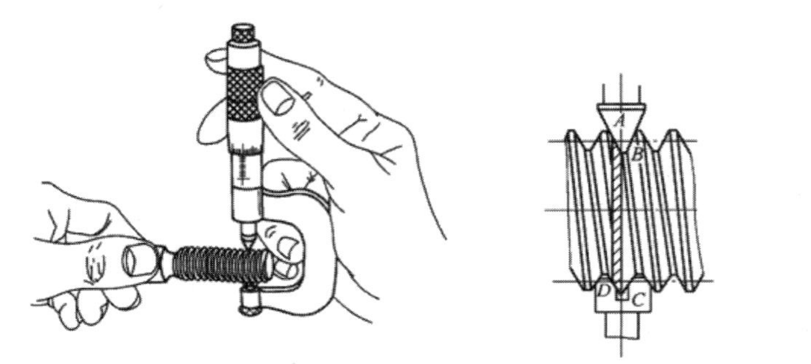

图 7-16　螺纹千分尺的使用

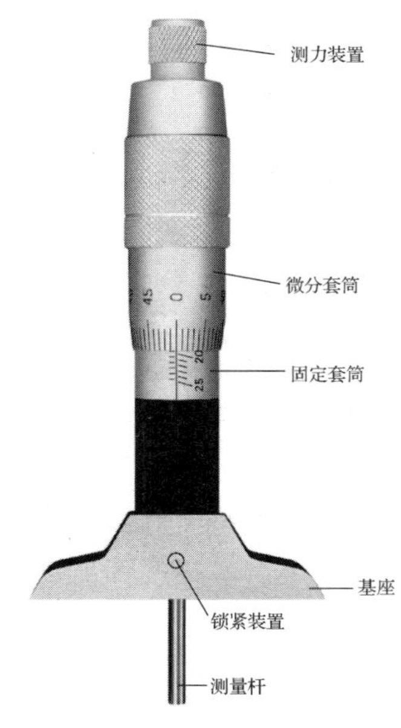

图 7-17　深度千分尺

7.3 百分表

表类量具结构较简单、体积小、读数直观。这种量具包括钟表式百分表、钟表式千分表、杠杆百分表、杠杆千分表、内径百分表、内径千分表、杠杆齿轮比较仪、扭簧比较仪等。本书主要介绍钟表式百分表。

1. 钟表式百分表的结构

钟表式百分表是利用精密齿条齿轮制成的表式通用长度测量工具，主要用于检测工件的形状和位置误差（如圆度、平面度、垂直度、跳动等），也可用于在机床上的工件的安装找正。钟表式百分表的测量精度为 0.01mm，其测量范围分为 0～3mm、0～5mm、0～10mm、0～30mm 等。

钟表式百分表的外形如图 7-18 所示，它通常由测量杆、传动系统、读数表盘等组成。其传动系统由防震弹簧、齿条、齿轮、游丝、圆表盘及指针等组成。

钟表式百分表的工作原理是，利用齿轮将被测尺寸引起的测量杆的微小直线移动传动放大，使其变为指针在刻度盘上的转动，从而读出被测尺寸的大小。

在具体测量时，当测量杆向上或向下移动 1mm 时，它会通过齿轮传动系统带动大指针转一圈、小指针转一格。大指针的刻度盘在圆周上有 100 个等分格，各格的读数值为 0.01mm。小指针的刻度的每格读数为 1mm。在测量时，指针读数的变动量即尺寸变化量。钟表式百分表的刻度盘可以转动，以便大指针在测量时能对准零刻度线。

2. 钟表式百分表的读数

钟表式百分表的读数方法为，先读小指针转过的刻度数值（毫米整数），再读大指针转过的格数，并对格数乘以 0.01，然后将两者相加，便得到所测量的数值，如图 7-18 所示。

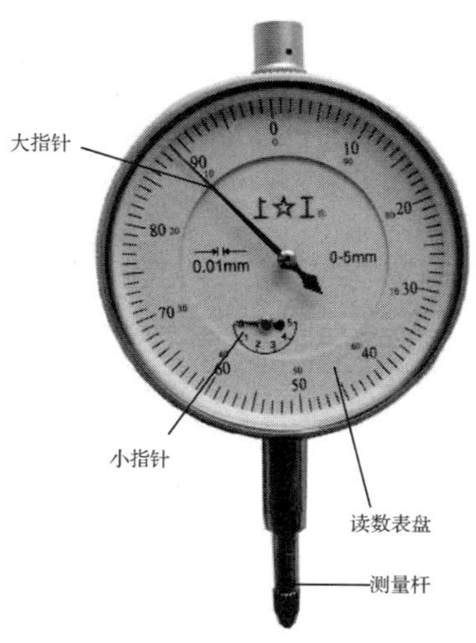

图 7-18　钟表式百分表的外形

案例 7-5 钟表式百分表示意图如图 7-19 所示，请读数。

（1）先读小指针转过的刻度数值，获得整毫米数，图中小指针偏转不超过 1mm，所以小指针对应的读数为 0mm。

（2）大指针转过 85 格，85 乘以 0.01mm，为 0.85mm。

（3）所测工件尺寸等于小指针对应的读数加大指针对应的读数，为 0mm+0.85mm=0.85mm。

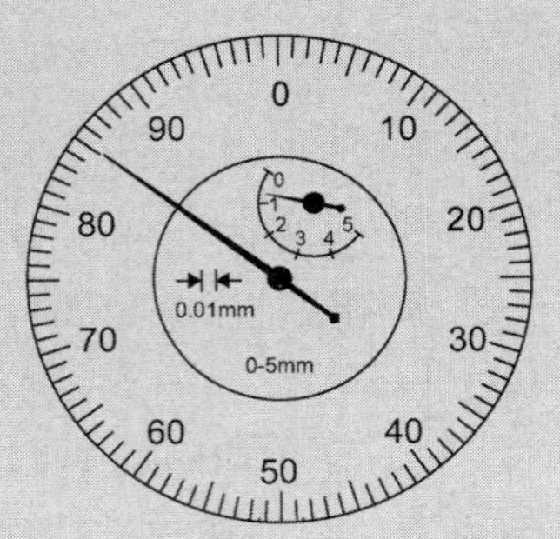

图 7-19 案例 7-5 的钟表式百分表示意图

3. 钟表式百分表的使用

在使用钟表式百分表前，使用者应检查其测量杆的灵活性，即当使用者轻轻推动测量杆时，测量杆在套筒内的移动应灵活，没有任何轧卡现象，而且当使用者松手后，指针能回到原来的刻度位置。

在使用钟表式百分表时，使用者必须把它固定在可靠的夹持架上，比如将其固定在万能表架或磁性表座上，如图 7-20 所示。夹持架应安放平稳，否则会导致测量结果不准确或百分表被摔坏。

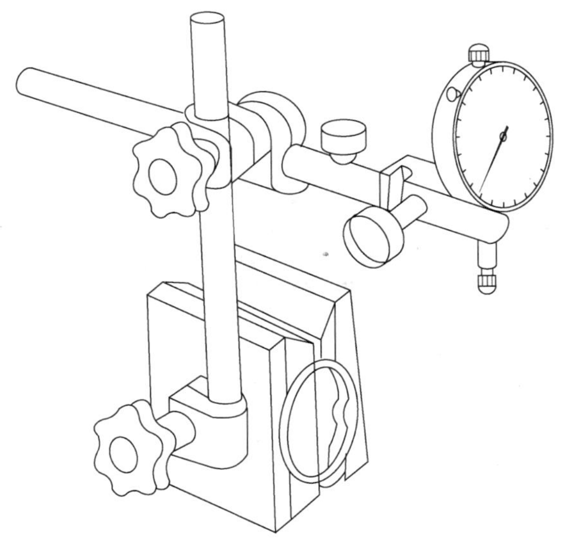

图 7-20 安装在表架上的钟表式百分表

在使用钟表式百分表时，使用者不需要校对零位，但在测量中为了读数方便，一般都把指针调到与零刻度线重合的位置，这种做法称为调零。

对钟表式百分表调零有两种方法，一种方法是使指针保持不动，转动读数表盘使其上的零刻度线与指针重合；另一种方法是转动表体上的指针调整旋钮，使指针对准零刻度线。

目前国内生产的钟表式百分表大部分都没有指针调整旋钮，所以人们都用转动读数表盘的方法进行调零。该方法是先提起测量杆使测头与基准表面接触，并使指针转过半圈至一圈，然后把表固紧（使表的指针预先转过半圈至一圈的目的是保证该表有一定的起始测力，以及使用者以零位为基准读取正、负读数），再把测杆提起 1～2mm，然后轻轻放手，检查钟表式百分表的示值稳定性，若示值稳定就转动读数表盘，使其零刻度线与指针重合。重复上述方法，检查零刻度线与指针的重合度。如果指针仍与零刻度线重合，那么调零完成；若不重合，则反复进行调整直到重合为止。

在利用钟表式百分表进行测量时，常用的方法有绝对测量法和相对测量法。

绝对测量法：以基准平面为基点，测量物体的实际尺寸，从刻度盘上直接读取测量值，如图 7-21 所示。

绝对测量法的测量步骤为，首先，将钟表式百分表固定在表座上，使测量杆受力，转动读数表盘，使指针与零刻度线对齐；其次，将待测工件放在测头下端，使指针发生偏移，根据指针偏移量在刻度盘上读取测量值，即 5 格×0.01mm/格=0.05mm。

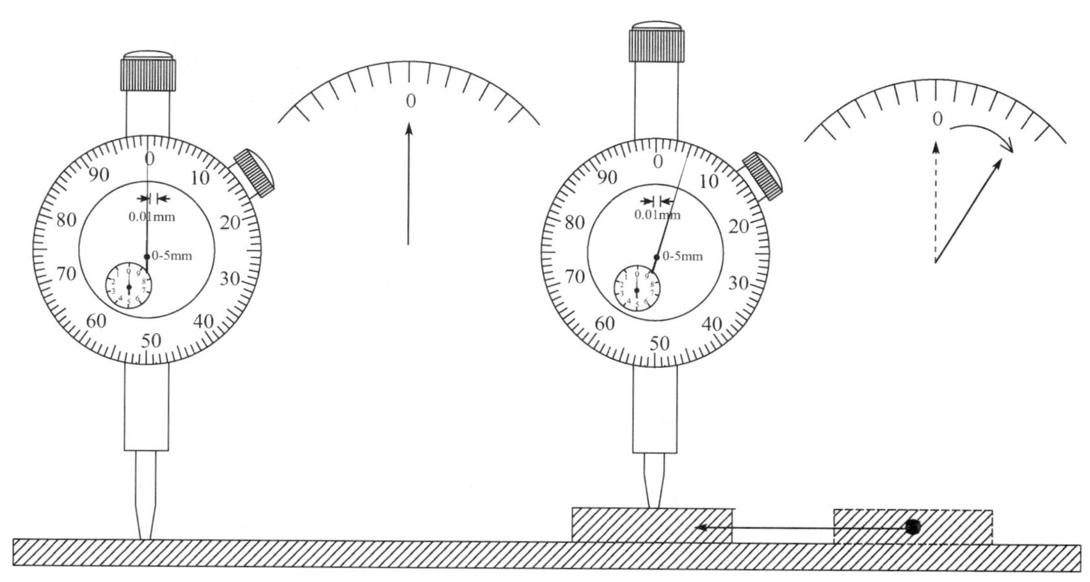

图 7-21　绝对测量法

相对测量法：以基准平面为基点，将已知尺寸的基准规放在测头下端，设定基准刻度为 A；再将待测工件放在测头下端，读取读数 B。当待测工件比基准规大的时候，首先，将钟表式百分表固定在表座上，将基准规放在测头下端使测量杆受力，转动读数表盘使指针与零刻度线对齐；其次，将待测工件放在测头下端，使指针发生偏移，根据指针在刻度盘上的偏移量读取数值，将读取的数值与基准规的尺寸相加，便得到测量值，即 10mm+(5格×0.01mm/格)=10.05mm。

此时，待测工件尺寸为 $A+B$，如图 7-22 所示。当待测工件比基准规小的时候，首先，将钟表式百分表固定在表座上，将基准规放在测头下端使测量杆受力，使大指针指向零刻度线，根据工作的尺寸确定小指针的位置；其次，将待测工件放在测头下端，使指针发生偏移，根据指针在刻度盘上的偏移量读取数值，读取的数值与基准规的差值便为测量值，即 10mm−(2+95格×0.01mm/格)=7.05mm。此时，待测工件尺寸为 $A-B$，如图 7-23 所示。

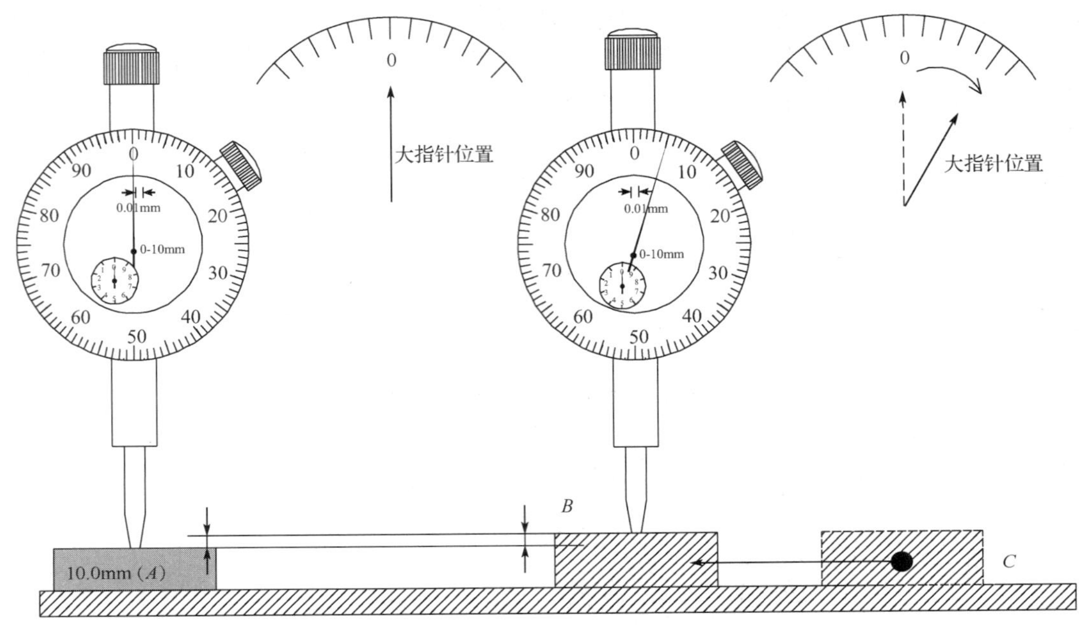

图 7-22　相对测量法（待测工件比基准规大）

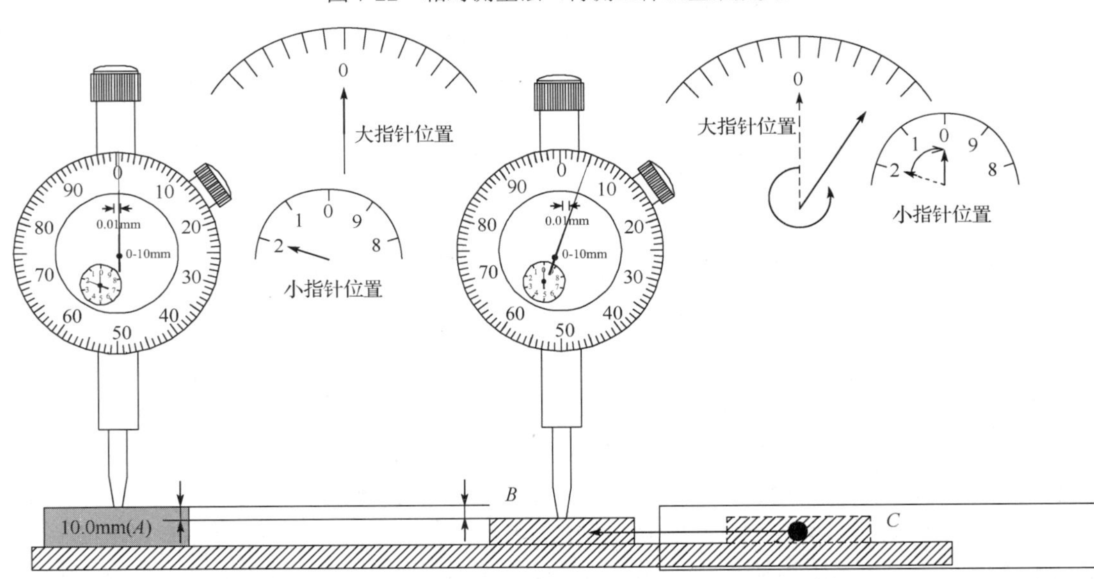

图 7-23　相对测量法（待测工件比基准规小）

小提示：钟表式百分表的调零

使用者在使用钟表式百分表时也可以不调零，可以使测头与基准面接触，使指针预先转过半圈至一圈，将指针停的位置作为测量的起始位置。这种方法省时准确，但需要记住起始位置的数值。

在用钟表式百分表进行绝对测量时，应将测量基准作为调零的基准；在进行相对测量时，将基准规作为调零的基准。

7.4　圆孔塞规

圆孔塞规是一种常用的量具，它是一种没有刻度线的测量工具，不能测量工件的实际尺寸，只能测量待测工件是否在它的极限范围内，从而对待测工件做出合格性判断。

圆孔塞规为圆柱形状，它有两个圆柱头，一头称为通端，是根据孔径的允许偏差下限制成的；另一头称为止端，是根据孔径的允许偏差上限制成的。这种塞规用来检查孔的直径，其外形如图 7-24 所示。

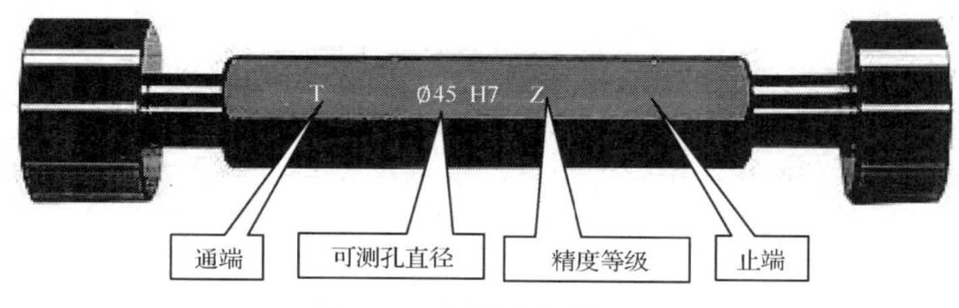

图 7-24　圆孔塞规的外形

在用塞规检测孔径时，若通端能塞进孔中而止端塞不进去，则此孔径是合格的，即它的尺寸是在公差范围之内的，否则它就是不合格的，如图 7-25 所示。若止端能通过该孔，则该孔因孔径过大而不合格，而且不能重加工；如果通端不能通过该孔，则该孔孔径过小，也不合格，但是人们可以通过重加工使之合格。

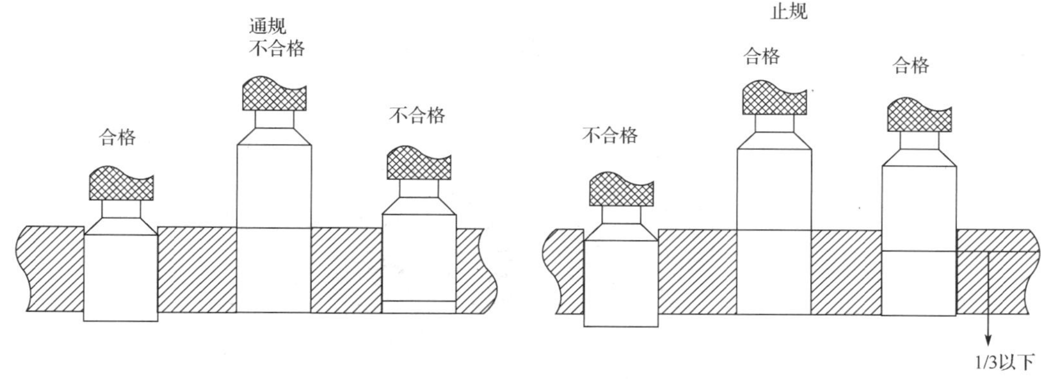

图 7-25　圆孔塞规的使用

在使用塞规前应先检查测量面，不能使测量面有锈迹、丕锋、划痕、黑斑等，不能用塞规检测不清洁的工件。在测量时，将塞规顺着孔的轴线插入或拔出，不能使其倾斜；当塞规塞入孔内后，不能转动或摇晃塞规。

在测量通孔时，通端能自由贯通孔的全域、止端不能进入超过孔全域的 1/3 的部分的情况为 OK，若两端都可进入孔全域的 1/3 或其中一端进入了孔全域的 1/3 以上的部分，则该情况为 NG（No Good）。

在测量不通孔时，应施加 100N 的力，使通端进入孔全域的 2/3 以上的部分，而止端不能进入超过孔全域的 1/3 的部分，此时的情况为 OK。止端进入超过孔全域的 1/3 的部分的情况为 NG。

7.5 螺纹规

螺纹规又称螺纹通止规、螺纹量规，通常用来检验判定螺纹的尺寸是否合格。根据不同的螺纹规所检验的螺纹的不同，它们可分为螺纹塞规和螺纹环规。

螺纹塞规是用来检验内螺纹尺寸是否合格的量具，可分为普通粗牙螺纹塞规、细牙螺纹塞规和管子螺纹塞规 3 种。螺纹塞规如图 7-26 所示，与圆孔塞规一样，螺纹塞规也是一头为通端、另一头为止端的量具。

在使用螺纹塞规时，应使螺纹塞规的通端与被测螺纹对正，用大拇指与食指转动螺纹塞规或被测螺纹，使其在自由状态下旋转。在通常情况下，通端可以在被测螺纹的任意位置转动，若通端通过全部螺纹长度，则螺纹合格，否则其为不合格品；当止端与被测螺纹对正后，止端旋入螺纹的长度在 2 个螺距之内的情况为合格，若使用者强行用力使止端通过，则螺纹会被判为不合格品。

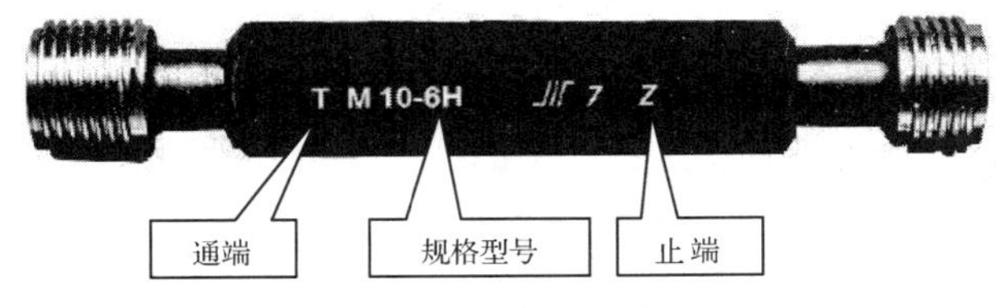

图 7-26　螺纹塞规

螺纹环规是用来检验外螺纹尺寸是否合格的量具。螺纹环规一套两件，分为通端和止端，如图 7-27 所示。

图 7-27　螺纹环规

在使用螺纹环规时，应先将被测螺纹上的油污、杂质清理干净，然后用拇指与食指转动通端与被测螺纹，使其在自由状态下旋合通过螺纹长度，判定螺纹是否合格；当止端与被测螺纹对正后，止端旋入螺纹的长度在 2 个螺距之内的情况为合格，若止端旋入螺纹过多，则该螺纹为不良品。

7.6　塞尺

塞尺又称测微片或厚薄规，是用于检验间隙的测量器具之一。它由一组具有不同厚度级差的薄钢片组成，如图 7-28 所示。塞尺一般是用薄钢片做成的，它的每个尺面都标示了数字，其所标示的数字就是这个尺面的厚度。在测量时，把塞尺放入要测的间隙里判断厚度，不论何时结果都以测量者的感觉为准。

在测量时，测量者根据结合面间隙的大小，将一片或数片钢片重叠在一起塞进间隙内。例如，0.03mm 的钢片能插入间隙，而 0.04mm 的钢片不能插入间隙，这说明间隙的厚度大于或等于 0.03mm，而且小于 0.04mm，所以塞尺也是一种界限量规。

图 7-28　塞尺

7.7　量检具的维护与保养

正确地使用精密量具是保证产品质量的重要条件之一。要保证量具的精度和它的可靠性，除在使用中要按照合理的使用方法进行操作以外，还必须做好量具的维护和保养工作。

在机床上测量工件的过程要在工件完全停稳后进行，否则不但会使量具的测量面因过早受到磨损而失去精度，而且会造成事故。尤其是车工在使用外卡时，不能因为卡钳简单，所以认为它被磨损一点无所谓，而应该注意铸件内的气孔和缩孔。一旦钳脚落入气孔内，它会把操作者的手也拉进去，造成严重事故。

在测量前应把量具的测量面和工件的被测量面擦干净，以免因有脏物存在而影响测量精度。用游标卡尺、千分尺和百分表之类的精密量具去测量锻铸件毛坯或带有研磨剂（如金刚砂等）的表面是错误的，这样易使测量面受到磨损而失去精度。

在量具的使用过程中，不要将它们和工具、刀具（如锉刀、榔头、车刀和钻头）等堆放在一起，以免碰伤量具，也不要将量具随便放在机床上，以免量具因机床振动而掉落，从而被损坏。尤其是游标卡尺等量具，应被平放在专用盒子里，以免尺身变形。

量具是测量工具，绝对不能作为其他工具的代替品。例如，用游标卡尺划线，用千分尺代替小榔头，用钢直尺代替起子旋螺钉，以及用钢直尺清理切屑等行为都是错误的。把量具当作玩具的行为也是错误的，如把千分尺拿在手中任意挥动或摇转。这些行为都易使量具失去精度。

由于温度对测量结果的影响很大，所以工件和量具必须在 20℃的温度下进行精密测量。一般可在室温下对工件进行精密测量，但必须使工件与量具的温度一致，否则，金属材料的热胀冷缩的特性会使测量结果不准确。另外，由于温度对量具精度的影响很大，所以量具不应放在阳光下，以免量具因温度升高而无法量出正确尺寸。不要把精密量具放在热源（如电炉、热交换器等）附近，以免量具因受热变形而失去精度。

不要把精密量具放在磁场附近，如磨床的磁性工作台上，以免量具被磁化。

在发现精密量具有不正常的情况时，如量具表面不平、有毛刺、有锈斑及刻度不准、尺身弯曲、活动不灵活等，使用者不能自行拆修，更不能自行用榔头敲、锉刀锉、砂布打光等粗糙办法进行修理，以免增大量具误差。当发现上述情况后，使用者应当主动将量具送至计量室进行检修，并检定量具精度，之后再继续使用它。

在使用量具后，使用者应及时将其擦干净。除不锈钢量具或有保护镀层的量具外，金属量具表面都需要涂一层防锈油。它们应放在专用的盒子里，并保存在干燥的地方，以免生锈。

精密量具应定期进行检定和保养。对于长期使用的精密量具，使用者要定期将其送至计量室进行检定和保养，以免量具的示值误差超过允许误差范围，从而造成产品质量事故。

知识梳理与总结

本章主要介绍了几种常用量检具的原理、使用方法和读数方法。学习者在学习过程中应重点理解和掌握以下四个方面。

（1）游标卡尺的使用和读数。

（2）千分尺的使用和读数。

（3）百分表的使用和读数。

（4）圆孔塞规、螺纹规、塞尺的使用。

学习检测 7

扫一扫看本章习题答案

一、填空题

1. 读数值为 0.02mm 的游标卡尺的尺身上的每格宽度为______ mm；其游标上的每格宽度为______ mm；

2. 当读数值为 0.02mm 的游标卡尺的两测量爪合并时，尺身上的 ______格与游标上的 50 格刚好对齐。

3. 外径千分尺的微分套筒上有________条等分刻线；外径千分尺的微分套筒在旋转一周后，轴向移动________ mm。

4. 在对外径千分尺读数时，应先读固定套筒上的________，再读微分套筒上的________，

还应注意半毫米刻度线是否出现，若它出现了，则要加________。

5. 外径千分尺的微分套筒上的每小格刻度线的读数为________ mm。

6. 钟表式百分表的小表针的刻度盘的一小格是_______ mm，大表针的刻度盘的一小格是________mm。

7. 螺纹塞规主要用于检验____________________________；螺纹环规主要用于检验___________________。

8. 塞尺主要用于检验_________________________。

二、读数题

1. 以下游标卡尺的读数为__________________、_____________。

2.下图是用千分尺测量三种金属棒直径的示意图，从左到右的三种金属棒的直径依次为：____________、__________、__________。

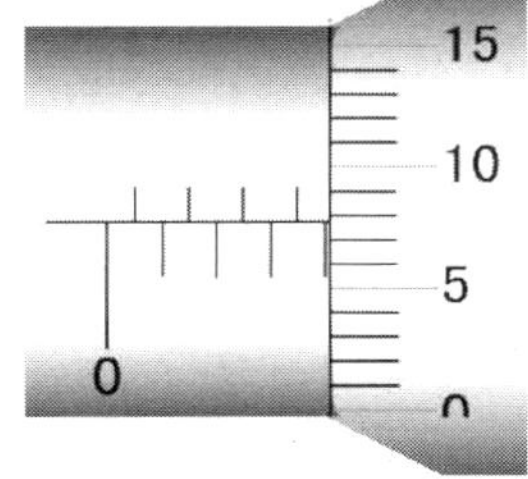

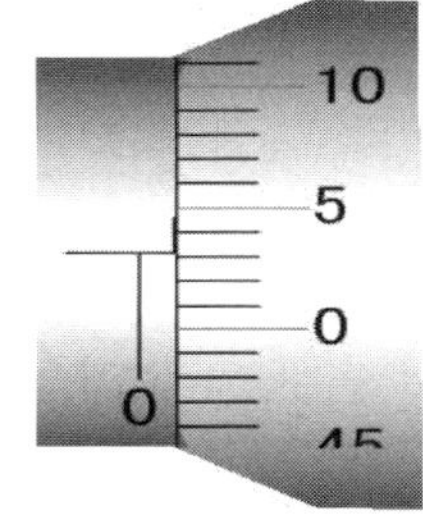

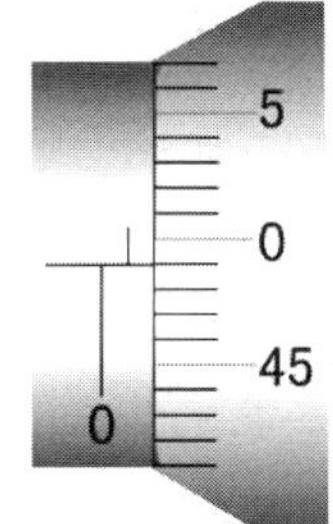

附录A　GB/T 2828.1—2012 中的抽样检验用表

附表 A-1　GB/T 2828.1—2012　样本量字码

批　　量	特殊检验水平				一般检验水平		
	S-1	**S-2**	**S-3**	**S-4**	I	**II**	**III**
2～8	A	A	A	A	A	A	B
9～15	A	A	A	A	A	B	C
16～25	A	A	B	B	B	C	D
26～50	A	B	B	C	C	D	E
51～90	B	B	C	C	C	E	F
91～150	B	B	C	D	D	F	G
151～280	B	C	D	E	E	G	H
281～500	B	C	D	E	F	H	J
501～1 200	C	C	E	F	G	J	K
1 201～3 200	C	D	E	G	H	K	L
3 201～10 000	C	D	F	G	J	L	M
10 001～35 000	C	D	F	H	K	M	N
35 001～150 000	D	E	G	J	L	N	P
150 001～500 000	D	E	G	J	M	P	Q
500 001 及以上	D	E	H	K	N	Q	R

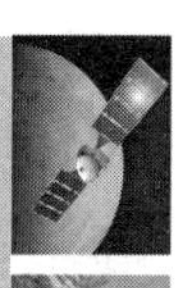

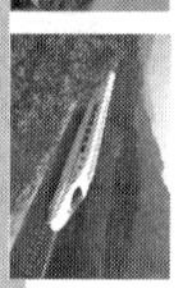

附表 A-2　GB/T 2828.1—2012 正常检验一次抽样方案（主表）

样本量字码	样本量	接收质量限 AQL																									
		0.010	0.015	0.025	0.040	0.065	0.10	0.15	0.25	0.40	0.65	1.0	1.5	2.5	4.0	6.5	10	15	25	40	65	100	150	250	400	650	1000
		Ac Re	Ac Re	Ac Re	Ac Re	Ac Re	Ac Re	Ac Re	Ac Re	Ac Re	Ac Re	Ac Re	Ac Re	Ac Re	Ac Re	Ac Re	Ac Re	Ac Re	Ac Re	Ac Re	Ac Re	Ac Re	Ac Re	Ac Re	Ac Re	Ac Re	Ac Re
A	2														⇩	0 1		⇩	1 2	2 3	3 4	5 6	7 8	10 11	14 15	21 22	30 31
B	3													⇩	0 1	⇧	⇩	1 2	2 3	3 4	5 6	7 8	10 11	14 15	21 22	30 31	44 45
C	5												⇩	0 1	⇧	⇩	1 2	2 3	3 4	5 6	7 8	10 11	14 15	21 22	30 31	44 45	⇧
D	8											⇩	0 1	⇧	⇩	1 2	2 3	3 4	5 6	7 8	10 11	14 15	21 22	30 31	44 45	⇧	
E	13										⇩	0 1	⇧	⇩	1 2	2 3	3 4	5 6	7 8	10 11	14 15	21 22	30 31	44 45	⇧		
F	20									⇩	0 1	⇧	⇩	1 2	2 3	3 4	5 6	7 8	10 11	14 15	21 22	⇧	⇧	⇧			
G	32								⇩	0 1	⇧	⇩	1 2	2 3	3 4	5 6	7 8	10 11	14 15	21 22	⇧						
H	50							⇩	0 1	⇧	⇩	1 2	2 3	3 4	5 6	7 8	10 11	14 15	21 22	⇧							
J	80						⇩	0 1	⇧	⇩	1 2	2 3	3 4	5 6	7 8	10 11	14 15	21 22	⇧								
K	125					⇩	0 1	⇧	⇩	1 2	2 3	3 4	5 6	7 8	10 11	14 15	21 22	⇧									
L	200				⇩	0 1	⇧	⇩	1 2	2 3	3 4	5 6	7 8	10 11	14 15	21 22	⇧										
M	315			⇩	0 1	⇧	⇩	1 2	2 3	3 4	5 6	7 8	10 11	14 15	21 22	⇧											
N	500		⇩	0 1	⇧	⇩	1 2	2 3	3 4	5 6	7 8	10 11	14 15	21 22	⇧												
P	800	⇩	0 1	⇧	⇩	1 2	2 3	3 4	5 6	7 8	10 11	14 15	21 22	⇧													
Q	1250	0 1	⇧	⇩	1 2	2 3	3 4	5 6	7 8	10 11	14 15	21 22	⇧														
R	2000	⇧		1 2	2 3	3 4	5 6	7 8	10 11	14 15	21 22	⇧															

注：⇩ 表示使用箭头下面的第一个抽样方案。如果样本量等于或超过批量，则执行 100%检验。

⇧ 表示使用箭头上面的第一个抽样方案。

Ac 表示接收数。

Re 表示拒收数。

附表 A-3　GB/T 2828.1—2012 加严检验一次抽样方案（主表）

样本量字码	样本量	接收质量限 AQL									
		0.010	0.015	0.025	0.040	0.065	0.10	0.15	0.25	0.40	0.65
		Ac Re	Ac Re	Ac Re	Ac Re	Ac Re	Ac Re	Ac Re	Ac Re	Ac Re	Ac Re
A	2	↓	↓	↓	↓	↓	↓	↓	↓	↓	↓
B	3	↓	↓	↓	↓	↓	↓	↓	↓	↓	↓
C	5	↓	↓	↓	↓	↓	↓	↓	↓	↓	↓
D	8	↓	↓	↓	↓	↓	↓	↓	↓	↓	↓
E	13	↓	↓	↓	↓	↓	↓	↓	↓	↓	↓
F	20	↓	↓	↓	↓	↓	↓	↓	↓	↓	↓
G	32	↓	↓	↓	↓	↓	↓	↓	↓	↓	0 1
H	50	↓	↓	↓	↓	↓	↓	↓	↓	0 1	↓
J	80	↓	↓	↓	↓	↓	↓	↓	0 1	↓	↓
K	125	↓	↓	↓	↓	↓	↓	0 1	↓	↓	1 2
L	200	↓	↓	↓	↓	↓	0 1	↓	↓	1 2	2 3
M	315	↓	↓	↓	↓	0 1	↓	↓	1 2	2 3	3 4
N	500	↓	↓	↓	0 1	↓	↓	1 2	2 3	3 4	5 6
P	800	↓	↓	0 1	↓	↓	1 2	2 3	3 4	5 6	8 9
Q	1250	↓	0 1	↓	↓	1 2	2 3	3 4	5 6	8 9	12 13
R	2000	0 1	↑	↓	1 2	2 3	3 4	5 6	8 9	12 13	18 19
S	3150			1 2							

样本量字码	样本量	接收质量限 AQL															
		1.0	1.5	2.5	4.0	6.5	10	15	25	40	65	100	150	250	400	650	1000
		Ac Re	Ac Re	Ac Re	Ac Re	Ac Re	Ac Re	Ac Re	Ac Re	Ac Re	Ac Re	Ac Re	Ac Re	Ac Re	Ac Re	Ac Re	Ac Re
A	2	↓	↓	↓	↓	↓	0 1	↓	↓	1 2	2 3	3 4	5 6	8 9	12 13	18 19	27 28
B	3	↓	↓	↓	↓	0 1	↓	↓	1 2	2 3	3 4	5 6	8 9	12 13	18 19	27 28	41 42
C	5	↓	↓	↓	0 1	↓	↓	1 2	2 3	3 4	5 6	8 9	12 13	18 19	27 28	41 42	↑
D	8	↓	↓	0 1	↓	↓	1 2	2 3	3 4	5 6	8 9	12 13	18 19	27 28	41 42	↑	↑
E	13	↓	0 1	↓	↓	1 2	2 3	3 4	5 6	8 9	12 13	18 19	27 28	41 42	↑	↑	↑
F	20	0 1	↓	↓	1 2	2 3	3 4	5 6	8 9	12 13	18 19	↑	↑	↑	↑	↑	↑
G	32	↓	↓	1 2	2 3	3 4	5 6	8 9	12 13	18 19	↑	↑	↑	↑	↑	↑	↑
H	50	↓	1 2	2 3	3 4	5 6	8 9	12 13	18 19	↑	↑	↑	↑	↑	↑	↑	↑
J	80	1 2	2 3	3 4	5 6	8 9	12 13	18 19	↑	↑	↑	↑	↑	↑	↑	↑	↑
K	125	2 3	3 4	5 6	8 9	12 13	18 19	↑	↑	↑	↑	↑	↑	↑	↑	↑	↑
L	200	3 4	5 6	8 9	12 13	18 19	↑	↑	↑	↑	↑	↑	↑	↑	↑	↑	↑
M	315	5 6	8 9	12 13	18 19	↑	↑	↑	↑	↑	↑	↑	↑	↑	↑	↑	↑
N	500	8 9	12 13	18 19	↑	↑	↑	↑	↑	↑	↑	↑	↑	↑	↑	↑	↑
P	800	12 13	18 19	↑	↑	↑	↑	↑	↑	↑	↑	↑	↑	↑	↑	↑	↑
Q	1250	18 19	↑	↑	↑	↑	↑	↑	↑	↑	↑	↑	↑	↑	↑	↑	↑
R	2000	↑	↑	↑	↑	↑	↑	↑	↑	↑	↑	↑	↑	↑	↑	↑	↑
S	3150	↑	↑	↑	↑	↑	↑	↑	↑	↑	↑	↑	↑	↑	↑	↑	↑

注：⇩表示使用箭头下面的第一个抽样方案。如果样本量等于或超过批量，则执行 100%检验。

⇧表示使用箭头上面的第一个抽样方案。

Ac 表示接收数。

Re 表示拒收数。

附表 A-4　GB/T 2828.1—2012　放宽检验一次抽样方案（主表）

样本量字码	样本量	接收质量限 AQL																									
		0.010	0.015	0.025	0.040	0.065	0.10	0.15	0.25	0.40	0.65	1.0	1.5	2.5	4.0	6.5	10	15	25	40	65	100	150	250	400	650	1000
		Ac Re	Ac Re	Ac Re	Ac Re	Ac Re	Ac Re	Ac Re	Ac Re	Ac Re	Ac Re	Ac Re	Ac Re	Ac Re	Ac Re	Ac Re	Ac Re	Ac Re	Ac Re	Ac Re	Ac Re	Ac Re	Ac Re	Ac Re	Ac Re	Ac Re	Ac Re
A	2	⇩	⇩	⇩	⇩	⇩	⇩	⇩	⇩	⇩	⇩	⇩	⇩	⇩	⇩	0 1	⇩	⇩	1 2	2 3	3 4	5 6	7 8	10 11	14 15	21 22	30 31
B	2	⇩	⇩	⇩	⇩	⇩	⇩	⇩	⇩	⇩	⇩	⇩	⇩	⇩	0 1	⇧	⇩	⇩	1 2	2 3	3 4	5 6	7 8	10 11	14 15	21 22	30 31
C	2	⇩	⇩	⇩	⇩	⇩	⇩	⇩	⇩	⇩	⇩	⇩	⇩	0 1	⇧	⇩	⇩	1 2	2 3	3 4	5 6	6 7	8 9	10 11	14 15	21 22	⇧
D	3	⇩	⇩	⇩	⇩	⇩	⇩	⇩	⇩	⇩	⇩	⇩	0 1	⇧	⇩	⇩	1 2	2 3	3 4	5 6	6 7	8 9	10 11	14 15	21 22	⇧	⇧
E	5	⇩	⇩	⇩	⇩	⇩	⇩	⇩	⇩	⇩	⇩	0 1	⇧	⇩	⇩	1 2	2 3	3 4	5 6	6 7	8 9	10 11	14 15	21 22	⇧	⇧	⇧
F	8	⇩	⇩	⇩	⇩	⇩	⇩	⇩	⇩	⇩	0 1	⇧	⇩	⇩	1 2	2 3	3 4	5 6	6 7	8 9	10 11	⇧	⇧	⇧	⇧	⇧	⇧
G	13	⇩	⇩	⇩	⇩	⇩	⇩	⇩	⇩	0 1	⇧	⇩	⇩	1 2	2 3	3 4	5 6	6 7	8 9	10 11	⇧	⇧	⇧	⇧	⇧	⇧	⇧
H	20	⇩	⇩	⇩	⇩	⇩	⇩	⇩	0 1	⇧	⇩	⇩	1 2	2 3	3 4	5 6	6 7	8 9	10 11	⇧	⇧	⇧	⇧	⇧	⇧	⇧	⇧
J	32	⇩	⇩	⇩	⇩	⇩	⇩	0 1	⇧	⇩	⇩	1 2	2 3	3 4	5 6	6 7	8 9	10 11	⇧	⇧	⇧	⇧	⇧	⇧	⇧	⇧	⇧
K	50	⇩	⇩	⇩	⇩	⇩	0 1	⇧	⇩	⇩	1 2	2 3	3 4	5 6	6 7	8 9	10 11	⇧	⇧	⇧	⇧	⇧	⇧	⇧	⇧	⇧	⇧
L	80	⇩	⇩	⇩	⇩	0 1	⇧	⇩	⇩	1 2	2 3	3 4	5 6	6 7	8 9	10 11	⇧	⇧	⇧	⇧	⇧	⇧	⇧	⇧	⇧	⇧	⇧
M	125	⇩	⇩	⇩	0 1	⇧	⇩	⇩	1 2	2 3	3 4	5 6	6 7	8 9	10 11	⇧	⇧	⇧	⇧	⇧	⇧	⇧	⇧	⇧	⇧	⇧	⇧
N	200	⇩	⇩	0 1	⇧	⇩	⇩	1 2	2 3	3 4	5 6	6 7	8 9	10 11	⇧	⇧	⇧	⇧	⇧	⇧	⇧	⇧	⇧	⇧	⇧	⇧	⇧
P	315	⇩	0 1	⇧	⇩	⇩	1 2	2 3	3 4	5 6	6 7	8 9	10 11	⇧	⇧	⇧	⇧	⇧	⇧	⇧	⇧	⇧	⇧	⇧	⇧	⇧	⇧
Q	500	0 1	⇧	⇧	⇩	1 2	2 3	3 4	5 6	6 7	8 9	10 11	⇧	⇧	⇧	⇧	⇧	⇧	⇧	⇧	⇧	⇧	⇧	⇧	⇧	⇧	⇧
R	800	⇧	⇧	⇧	1 2	2 3	3 4	5 6	6 7	8 9	10 11	⇧	⇧	⇧	⇧	⇧	⇧	⇧	⇧	⇧	⇧	⇧	⇧	⇧	⇧	⇧	⇧

注：⇩ 表示使用箭头下面的第一个抽样方案。如果样本量等于或超过批量，则执行 100%检验。

⇧ 表示使用箭头上面的第一个抽样方案。

Ac 表示接收数。

Re 表示拒收数。

附表 A-5　GB/T 2828.1—2012　正常检验二次抽样方案（主表）

样本量字码	样本	样本量	累计样本量	接收质量限（AQL）																									
				0.010	0.015	0.025	0.040	0.065	0.10	0.15	0.25	0.40	0.65	1.0	1.5	2.5	4.0	6.5	10	15	25	40	65	100	150	250	400	650	1000
				Ac Re	Ac Re	Ac Re	Ac Re	Ac Re	Ac Re	Ac Re	Ac Re	Ac Re	Ac Re	Ac Re	Ac Re	Ac Re	Ac Re	Ac Re	Ac Re	Ac Re	Ac Re	Ac Re	Ac Re	Ac Re	Ac Re	Ac Re	Ac Re	Ac Re	Ac Re
A				⇩	⇩	⇩	⇩	⇩	⇩	⇩	⇩	⇩	⇩	⇩	⇩	⇩	⇩	*	⇩	⇩	*	*	*	*	*	*	*	*	*
B	第一	2	2	⇩	⇩	⇩	⇩	⇩	⇩	⇩	⇩	⇩	⇩	⇩	⇩	⇩	*	⇧	⇩	0 2	0 3	1 3	2 5	3 6	5 9	7 11	11 16	17 22	25 31
	第二	2	4																	1 2	3 4	4 5	6 7	9 10	12 13	18 19	26 27	37 38	56 57
C	第一	3	3	⇩	⇩	⇩	⇩	⇩	⇩	⇩	⇩	⇩	⇩	⇩	⇩	*	⇧	⇩	0 2	0 3	1 3	2 5	3 6	5 9	7 11	11 16	17 22	25 31	⇧
	第二	3	6																1 2	3 4	4 5	6 7	9 10	12 13	18 19	26 27	37 38	56 57	
D	第一	5	5	⇩	⇩	⇩	⇩	⇩	⇩	⇩	⇩	⇩	⇩	⇩	*	⇧	⇩	0 2	0 3	1 3	2 5	3 6	5 9	7 11	11 16	17 22	25 31	⇧	⇧
	第二	5	10															1 2	3 4	4 5	6 7	9 10	12 13	18 19	26 27	37 38	56 57		
E	第一	8	8	⇩	⇩	⇩	⇩	⇩	⇩	⇩	⇩	⇩	⇩	*	⇧	⇩	0 2	0 3	1 3	2 5	3 6	5 9	7 11	11 16	17 22	25 31	⇧	⇧	⇧
	第二	8	16														1 2	3 4	4 5	6 7	9 10	12 13	18 19	26 27	37 38	56 57			
F	第一	13	13	⇩	⇩	⇩	⇩	⇩	⇩	⇩	⇩	⇩	*	⇧	⇩	0 2	0 3	1 3	2 5	3 6	5 9	7 11	11 16	⇧	⇧	⇧	⇧	⇧	⇧
	第二	13	26													1 2	3 4	4 5	6 7	9 10	12 13	18 19	26 27						
G	第一	20	20	⇩	⇩	⇩	⇩	⇩	⇩	⇩	⇩	*	⇧	⇩	0 2	0 3	1 3	2 5	3 6	5 9	7 11	11 16	⇧	⇧	⇧	⇧	⇧	⇧	⇧
	第二	20	40												1 2	3 4	4 5	6 7	9 10	12 13	18 19	26 27							
H	第一	32	32	⇩	⇩	⇩	⇩	⇩	⇩	⇩	*	⇧	⇩	0 2	0 3	1 3	2 5	3 6	5 9	7 11	11 16	⇧	⇧	⇧	⇧	⇧	⇧	⇧	⇧
	第二	32	64											1 2	3 4	4 5	6 7	9 10	12 13	18 19	26 27								
J	第一	50	50	⇩	⇩	⇩	⇩	⇩	⇩	*	⇧	⇩	0 2	0 3	1 3	2 5	3 6	5 9	7 11	11 16	⇧	⇧	⇧	⇧	⇧	⇧	⇧	⇧	⇧
	第二	50	100										1 2	3 4	4 5	6 7	9 10	12 13	18 19	26 27									
K	第一	80	80	⇩	⇩	⇩	⇩	⇩	*	⇧	⇩	0 2	0 3	1 3	2 5	3 6	5 9	7 11	11 16	⇧	⇧	⇧	⇧	⇧	⇧	⇧	⇧	⇧	⇧
	第二	80	160									1 2	3 4	4 5	6 7	9 10	12 13	18 19	26 27										
L	第一	125	125	⇩	⇩	⇩	⇩	*	⇧	⇩	0 2	0 3	1 3	2 5	3 6	5 9	7 11	11 16	⇧	⇧	⇧	⇧	⇧	⇧	⇧	⇧	⇧	⇧	⇧
	第二	125	250								1 2	3 4	4 5	6 7	9 10	12 13	18 19	26 27											
M	第一	200	200	⇩	⇩	⇩	*	⇧	⇩	0 2	0 3	1 3	2 5	3 6	5 9	7 11	11 16	⇧	⇧	⇧	⇧	⇧	⇧	⇧	⇧	⇧	⇧	⇧	⇧
	第二	200	400							1 2	3 4	4 5	6 7	9 10	12 13	18 19	26 27												
N	第一	315	315	⇩	⇩	*	⇧	⇩	0 2	0 3	1 3	2 5	3 6	5 9	7 11	11 16	⇧	⇧	⇧	⇧	⇧	⇧	⇧	⇧	⇧	⇧	⇧	⇧	⇧
	第二	315	630						1 2	3 4	4 5	6 7	9 10	12 13	18 19	26 27													
P	第一	500	500	⇩	*	⇧	⇩	0 2	0 3	1 3	2 5	3 6	5 9	7 11	11 16	⇧	⇧	⇧	⇧	⇧	⇧	⇧	⇧	⇧	⇧	⇧	⇧	⇧	⇧
	第二	500	1000					1 2	3 4	4 5	6 7	9 10	12 13	18 19	26 27														
Q	第一	800	800	*	⇧	⇩	0 2	0 3	1 3	2 5	3 6	5 9	7 11	11 16	⇧	⇧	⇧	⇧	⇧	⇧	⇧	⇧	⇧	⇧	⇧	⇧	⇧	⇧	⇧
	第二	800	1600				1 2	3 4	4 5	6 7	9 10	12 13	18 19	26 27															
R	第一	1250	1250	⇧	⇧	0 2	0 3	1 3	2 5	3 6	5 9	7 11	11 16	⇧	⇧	⇧	⇧	⇧	⇧	⇧	⇧	⇧	⇧	⇧	⇧	⇧	⇧	⇧	⇧
	第二	1250	2500			1 2	3 4	4 5	6 7	9 10	12 13	18 19	26 27																

注：⇩表示使用箭头下面的第一个抽样方案。如果样本量等于或超过批量，则执行 100%检验。

⇧表示使用箭头上面的第一个抽样方案。

Ac 表示接收数。　　Re 表示拒收数。　　*表示使用对应的一次抽样方案（或者使用下面适用的二次抽样方案）。

附表 A-6 GB/T 2828.1—2012 加严检验二次抽样方案（主表）

样本量字码	样本	样本量	累计样本量	接收质量限（AQL）																									
				0.010	0.015	0.025	0.040	0.065	0.10	0.15	0.25	0.40	0.65	1.0	1.5	2.5	4.0	6.5	10	15	25	40	65	100	150	250	400	650	1000
				Ac Re	Ac Re	Ac Re	Ac Re	Ac Re	Ac Re	Ac Re	Ac Re	Ac Re	Ac Re	Ac Re	Ac Re	Ac Re	Ac Re	Ac Re	Ac Re	Ac Re	Ac Re	Ac Re	Ac Re	Ac Re	Ac Re	Ac Re	Ac Re	Ac Re	Ac Re
A				↓	↓	↓	↓	↓	↓	↓	↓	↓	↓	↓	↓	↓	↓	↓	↓	↓	*	*	*	*	*	*	*	*	*
B	第一	2	2	↓	↓	↓	↓	↓	↓	↓	↓	↓	↓	↓	↓	↓	↓	*	↓	↓	0 2	0 3	1 3	2 5	4 7	6 10	9 14	15 20	23 29
	第二	2	4	↓	↓	↓	↓	↓	↓	↓	↓	↓	↓	↓	↓	↓	↓		↓	↓	1 2	3 4	4 5	6 7	10 11	15 16	23 24	34 35	52 53
C	第一	3	3	↓	↓	↓	↓	↓	↓	↓	↓	↓	↓	↓	↓	↓	*	↓	↓	0 2	0 3	1 3	2 5	4 7	6 10	9 14	15 20	23 29	↑
	第二	3	6	↓	↓	↓	↓	↓	↓	↓	↓	↓	↓	↓	↓	↓		↓	↓	1 2	3 4	4 5	6 7	10 11	15 16	23 24	34 35	52 53	↑
D	第一	5	5	↓	↓	↓	↓	↓	↓	↓	↓	↓	↓	↓	↓	*	↓	↓	0 2	0 3	1 3	2 5	4 7	6 10	9 14	15 20	23 29	↑	↑
	第二	5	10	↓	↓	↓	↓	↓	↓	↓	↓	↓	↓	↓	↓		↓	↓	1 2	3 4	4 5	6 7	10 11	15 16	23 24	34 35	52 53	↑	↑
E	第一	8	8	↓	↓	↓	↓	↓	↓	↓	↓	↓	↓	↓	*	↓	↓	0 2	0 3	1 3	2 5	4 7	6 10	9 14	15 20	23 29	↑	↑	↑
	第二	8	16	↓	↓	↓	↓	↓	↓	↓	↓	↓	↓	↓		↓	↓	1 2	3 4	4 5	6 7	10 11	15 16	23 24	34 35	52 53	↑	↑	↑
F	第一	13	13	↓	↓	↓	↓	↓	↓	↓	↓	↓	↓	*	↓	↓	0 2	0 3	1 3	2 5	4 7	6 10	9 14	↑	↑	↑	↑	↑	↑
	第二	13	26	↓	↓	↓	↓	↓	↓	↓	↓	↓	↓		↓	↓	1 2	3 4	4 5	6 7	10 11	15 16	23 24	↑	↑	↑	↑	↑	↑
G	第一	20	20	↓	↓	↓	↓	↓	↓	↓	↓	↓	*	↓	↓	0 2	0 3	1 3	2 5	4 7	6 10	9 14	↑	↑	↑	↑	↑	↑	↑
	第二	20	40	↓	↓	↓	↓	↓	↓	↓	↓	↓		↓	↓	1 2	3 4	4 5	6 7	10 11	15 16	23 24	↑	↑	↑	↑	↑	↑	↑
H	第一	32	32	↓	↓	↓	↓	↓	↓	↓	↓	*	↓	↓	0 2	0 3	1 3	2 5	4 7	6 10	9 14	↑	↑	↑	↑	↑	↑	↑	↑
	第二	32	64	↓	↓	↓	↓	↓	↓	↓	↓		↓	↓	1 2	3 4	4 5	6 7	10 11	15 16	23 24	↑	↑	↑	↑	↑	↑	↑	↑
J	第一	50	50	↓	↓	↓	↓	↓	↓	↓	*	↓	↓	0 2	0 3	1 3	2 5	4 7	6 10	9 14	↑	↑	↑	↑	↑	↑	↑	↑	↑
	第二	50	100	↓	↓	↓	↓	↓	↓	↓		↓	↓	1 2	3 4	4 5	6 7	10 11	15 16	23 24	↑	↑	↑	↑	↑	↑	↑	↑	↑
K	第一	80	80	↓	↓	↓	↓	↓	↓	*	↓	↓	0 2	0 3	1 3	2 5	4 7	6 10	9 14	↑	↑	↑	↑	↑	↑	↑	↑	↑	↑
	第二	80	160	↓	↓	↓	↓	↓	↓		↓	↓	1 2	3 4	4 5	6 7	10 11	15 16	23 24	↑	↑	↑	↑	↑	↑	↑	↑	↑	↑
L	第一	125	125	↓	↓	↓	↓	↓	*	↓	↓	0 2	0 3	1 3	2 5	4 7	6 10	9 14	↑	↑	↑	↑	↑	↑	↑	↑	↑	↑	↑
	第二	125	250	↓	↓	↓	↓	↓		↓	↓	1 2	3 4	4 5	6 7	10 11	15 16	23 24	↑	↑	↑	↑	↑	↑	↑	↑	↑	↑	↑
M	第一	200	200	↓	↓	↓	↓	*	↓	↓	0 2	0 3	1 3	2 5	4 7	6 10	9 14	↑	↑	↑	↑	↑	↑	↑	↑	↑	↑	↑	↑
	第二	200	400	↓	↓	↓	↓		↓	↓	1 2	3 4	4 5	6 7	10 11	15 16	23 24	↑	↑	↑	↑	↑	↑	↑	↑	↑	↑	↑	↑
N	第一	315	315	↓	↓	↓	*	↓	↓	0 2	0 3	1 3	2 5	4 7	6 10	9 14	↑	↑	↑	↑	↑	↑	↑	↑	↑	↑	↑	↑	↑
	第二	315	630	↓	↓	↓		↓	↓	1 2	3 4	4 5	6 7	10 11	15 16	23 24	↑	↑	↑	↑	↑	↑	↑	↑	↑	↑	↑	↑	↑
P	第一	500	500	↓	↓	*	↓	↓	0 2	0 3	1 3	2 5	4 7	6 10	9 14	↑	↑	↑	↑	↑	↑	↑	↑	↑	↑	↑	↑	↑	↑
	第二	500	1000	↓	↓		↓	↓	1 2	3 4	4 5	6 7	10 11	15 16	23 24	↑	↑	↑	↑	↑	↑	↑	↑	↑	↑	↑	↑	↑	↑
Q	第一	800	800	↓	*	↓	↓	0 2	0 3	1 3	2 5	4 7	6 10	9 14	↑	↑	↑	↑	↑	↑	↑	↑	↑	↑	↑	↑	↑	↑	↑
	第二	800	1600	↓		↓	↓	1 2	3 4	4 5	6 7	10 11	15 16	23 24	↑	↑	↑	↑	↑	↑	↑	↑	↑	↑	↑	↑	↑	↑	↑
R	第一	1250	1250	*	↑	↓	0 2	0 3	1 3	2 5	4 7	6 10	9 14	↑	↑	↑	↑	↑	↑	↑	↑	↑	↑	↑	↑	↑	↑	↑	↑
	第二	1250	2500		↑	↓	1 2	3 4	4 5	6 7	10 11	15 16	23 24	↑	↑	↑	↑	↑	↑	↑	↑	↑	↑	↑	↑	↑	↑	↑	↑
S	第一	2000	2000			0 2																							
	第二	2000	4000			1 2																							

注：⇩表示使用箭头下面的第一个抽样方案。如果样本量等于或超过批量，则执行100%检验。

⇧表示使用箭头上面的第一个抽样方案。　Ac 表示接收数。　Re 表示拒收数。　*表示使用对应的一次抽样方案（或者使用下面适用的二次抽样方案）。

附表 A-7　GB/T 2828.1—2012 放宽检验二次抽样方案（主表）

样本量字码	样本	样本量	累计样本量	接收质量限（AQL）																									
				0.010	0.015	0.025	0.040	0.065	0.10	0.15	0.25	0.40	0.65	1.0	1.5	2.5	4.0	6.5	10	15	25	40	65	100	150	250	400	650	1000
				Ac Re	Ac Re	Ac Re	Ac Re	Ac Re	Ac Re	Ac Re	Ac Re	Ac Re	Ac Re	Ac Re	Ac Re	Ac Re	Ac Re	Ac Re	Ac Re	Ac Re	Ac Re	Ac Re	Ac Re	Ac Re	Ac Re	Ac Re	Ac Re	Ac Re	Ac Re
A				↓	↓	↓	↓	↓	↓	↓	↓	↓	↓	↓	↓	↓	↓	*	↓	↓	*	*	*	*	*	*	*	*	*
B				↓	↓	↓	↓	↓	↓	↓	↓	↓	↓	↓	↓	↓	*	↑	↓	↓	*	*	*	*	*	*	*	*	*
C				↓	↓	↓	↓	↓	↓	↓	↓	↓	↓	↓	↓	*	↑	↓	↓	*	*	*	*	*	*	*	*	*	↑
D	第一	2	2	↓	↓	↓	↓	↓	↓	↓	↓	↓	↓	↓	*	↑	↓	↓	0 2	0 3	1 3	2 4	3 6	4 7	5 9	7 11	11 16	↑	↑
	第二	2	4																1 2	3 4	4 5	5 6	7 8	10 11	12 13	18 19	26 27		
E	第一	3	3	↓	↓	↓	↓	↓	↓	↓	↓	↓	↓	*	↑	↓	↓	0 2	0 3	1 3	2 4	3 6	4 7	5 9	7 11	11 16	↑	↑	↑
	第二	3	6															1 2	3 4	4 5	5 6	7 8	10 11	12 13	18 19	26 27			
F	第一	5	5	↓	↓	↓	↓	↓	↓	↓	↓	↓	*	↑	↓	↓	0 2	0 3	1 3	2 4	3 6	4 7	5 9	↑	↑	↑	↑	↑	↑
	第二	5	10														1 2	3 4	4 5	5 6	7 8	10 11	12 13						
G	第一	8	8	↓	↓	↓	↓	↓	↓	↓	↓	*	↑	↓	↓	0 2	0 3	1 3	2 4	3 6	4 7	5 9	↑	↑	↑	↑	↑	↑	↑
	第二	8	16													1 2	3 4	4 5	5 6	7 8	10 11	12 13							
H	第一	13	13	↓	↓	↓	↓	↓	↓	↓	*	↑	↓	↓	0 2	0 3	1 3	2 4	3 6	4 7	5 9	↑	↑	↑	↑	↑	↑	↑	↑
	第二	13	26												1 2	3 4	4 5	5 6	7 8	10 11	12 13								
J	第一	20	20	↓	↓	↓	↓	↓	↓	*	↑	↓	↓	0 2	0 3	1 3	2 4	3 6	4 7	5 9	↑	↑	↑	↑	↑	↑	↑	↑	↑
	第二	20	40											1 2	3 4	4 5	5 6	7 8	10 11	12 13									
K	第一	32	32	↓	↓	↓	↓	↓	*	↑	↓	↓	0 2	0 3	1 3	2 4	3 6	4 7	5 9	↑	↑	↑	↑	↑	↑	↑	↑	↑	↑
	第二	32	64										1 2	3 4	4 5	5 6	7 8	10 11	12 13										
L	第一	50	50	↓	↓	↓	↓	*	↑	↓	↓	0 2	0 3	1 3	2 4	3 6	4 7	5 9	↑	↑	↑	↑	↑	↑	↑	↑	↑	↑	↑
	第二	50	100									1 2	3 4	4 5	5 6	7 8	10 11	12 13											
M	第一	80	80	↓	↓	↓	*	↑	↓	↓	0 2	0 3	1 3	2 4	3 6	4 7	5 9	↑	↑	↑	↑	↑	↑	↑	↑	↑	↑	↑	↑
	第二	80	160								1 2	3 4	4 5	5 6	7 8	10 11	12 13												
N	第一	125	125	↓	↓	*	↑	↓	↓	0 2	0 3	1 3	2 4	3 6	4 7	5 9	↑	↑	↑	↑	↑	↑	↑	↑	↑	↑	↑	↑	↑
	第二	125	250							1 2	3 4	4 5	5 6	7 8	10 11	12 13													
P	第一	200	200	↓	*	↑	↓	↓	0 2	0 3	1 3	2 4	3 6	4 7	5 9	↑	↑	↑	↑	↑	↑	↑	↑	↑	↑	↑	↑	↑	↑
	第二	200	400						1 2	3 4	4 5	5 6	7 8	10 11	12 13														
Q	第一	315	315	*	↑	↑	↓	0 2	0 3	1 3	2 4	3 6	4 7	5 9	↑	↑	↑	↑	↑	↑	↑	↑	↑	↑	↑	↑	↑	↑	↑
	第二	315	630					1 2	3 4	4 5	5 6	7 8	10 11	12 13															
R	第一	500	500	↑	↑	↑	0 2	0 3	1 3	2 4	3 6	4 7	5 9	↑	↑	↑	↑	↑	↑	↑	↑	↑	↑	↑	↑	↑	↑	↑	↑
	第二	500	1000				1 2	3 4	4 5	5 6	7 8	10 11	12 13																

注：↓表示使用箭头下面的第一个抽样方案。如果样本量等于或超过批量，则执行 100%检验。

↑表示使用箭头上面的第一个抽样方案。

Ac 表示接收数。

Re 表示拒收数。

*表示使用对应的一次抽样方案（或者使用下面适用的二次抽样方案）。